오직 믿음으로

JUSTIFICATION BY FAITH ALONE

Copyright ⓒ 2003 by Soli Deo Gloria Publications, a division of Ligonier Ministries, under the title *Justification by Faith Alone*.
Translated by the permission of Ligonier Ministries through arrangement of rMaeng2, Seoul, Republic of Korea.

All rights reserved.

This Korean Edition Copyright ⓒ 2014 by Jipyung Publishing Company, Seoul, Republic of Korea.

이 한국어판의 저작권은 알맹2 에이전시를 통하여 Ligonier Ministries와 독점 계약 한 도서출판 지평서원에 있습니다. 신 저작권법에 의하여 한국 내에서 보호받는 저작물이므로 무단 전재와 무단 복제를 금합니다.

오직 믿음으로

돈 키슬러 엮음 | 신호섭 옮김

| 기고자 |

존 맥아더 John F. MacArthur, Jr.　　R. C. 스프롤 R. C. Sproul
조엘 비키 Joel R. Beeke　　　　　　존 거스너 John H. Gerstner
돈 키슬러 Don Kistler

지평서원

| 기고자 |

: 존 맥아더(John F. MacArthur, Jr.)

존 맥아더는 탈봇 신학교를 졸업하였으며, 캘리포니아 선밸리에 있는 그레이스 커뮤니티 교회의 담임목사이자 교사이며, 남캘리포니아 마스터스 대학과 신학교의 학장이다. 또한 'Grace to You'라는 라디오 프로그램을 통해 전 세계에 영향력을 미치고 있다. 그는 여러 편의 베스트셀러를 저술한 작가이다.

: R. C. 스프롤(R. C. Sproul)

스프롤은 플로리다 올란도에 있는 '리고니어 선교회(Ligonier Ministries)'의 설립자이자 회장이다. 그는 필라델피아에 있는 웨스트민스터 신학교를 졸업하고, 네덜란드 암스테르담의 자유대학에서 학위를 받았다. 또한 많은 책을 쓴 저자이며, 미국 장로교회(PCA, Presbyterian Church of America)에 소속된 목사이다. 스프롤은 강연가이자 저술가로서 매우 활발히 활동하고 있다.

: 조엘 비키(Joel R. Beeke)

조엘 비키는 미시간 그랜드래피즈에 있는 헤리티지 화란 개혁주의교회

(HNRC)의 목사이다. 그는 필라델피아에 있는 웨스트민스터 신학교에서 '종교개혁과 종교개혁 이후의 신학'에 대한 연구로 박사 학위를 받았다. 그는 '주권적 은혜와 진리의 깃발(The Banner of Sovereign Grace Truth)'이라는 잡지의 편집장이다.

: 존 거스너(John H. Gerstner)
존 거스너는 하버드 대학에서 박사 학위를 받았다. 그는 피츠버그 신학교에서 거의 30년 넘게 교회사를 가르쳤으며, 일리노이주 디어필즈에 있는 트리니티 복음주의 신학교와 플로리다 포트 로더데일에 있는 녹스 신학교에 출강하여 학생들을 가르치기도 하였다. 그는 다수의 책을 집필하고 논문을 기고했다.

: 돈 키슬러(Don Kistler)
돈 키슬러는 펜실베이니아 피츠버그 인근에 있는 '솔리 데오 글로리아' 출판사의 설립자이자 사장이다. 그는 플로리다 레이크랜드에 있는 휫필드 신학교에서 박사 학위를 받았다. 그는 솔리 데오 글로리아 출판사의 모든 재판 도서를 편집하였다.

| 차례 |

■ 머리말 _김병훈 교수 · 8

1장 : 루터 이전
예수님과 칭의 교리 _존 맥아더(John F. MacArthur, Jr.) · 17

2장 : 오직 믿음으로 말미암는 칭의
칭의 교리의 법정적 특성 _R. C. 스프롤(R. C. Sproul) · 41

3장 : 오직 믿음으로 말미암는 칭의
믿음과 칭의의 관계 _조엘 비키(Joel R. Beeke) · 71

4장 : 오직 믿음으로 말미암는 칭의
의롭다 하는 믿음의 본질 _존 거스너(John H. Gerstner) · 125

5장 : 오직 믿음으로 말미암는 칭의
더하는 것이 오히려 결함이 되다 _돈 키슬러(Don Kistler) · 145

부록 : 스콧 한(Scott Hahn)과 킴벌리 한(Kimberly Hahn)의
『행복한 고향인 로마 교회』(Rome Sweet Home)에 대한 답변
가톨릭은 돌아갈 고향이 아니다 _존 거스너 · 171

Justification by Faith Alone

| 머리말 |

복 있는 사람을 위한 영생의 길
'오직 믿음으로'의 종교개혁 신학

김병훈 교수(합동신학대학원대학교 조직신학)

　　영혼 깊은 곳까지 전적으로 부패한 사람이 어떻게 하나님 앞에서 심판을 면할 수 있을까? 골몰하는 생각 하나하나가, 마음을 이끌어 가는 달콤한 기대 하나하나가, 그리고 마침내 기회가 닿으면 실행하는 선택 하나하나가 각각, 그리고 모두 하나님을 싫어하고 미워하는 성향으로 나아가는 사람이 어떻게 하나님 나라에 들어갈 수 있을까? 도대체 어떻게 온통 어둠뿐인 사람이 빛이신 하나님을 섬기며 그분의 통치 가운데 사랑을 누리며 살아갈 수 있을까? 어떻게 생명의 빛을 잃은 죽은 자가 생명의 빛의 원천이신 하나님을 찬양하며 경배하는 복된 영광을 누리며 살아갈 수 있을까?

　이러한 질문들에 대해 성경은 어떤 답을 주고 있을까? 교회는 긴 역사 속에서 성경의 계시를 읽고 꼼꼼히 살피며 토론하고 고백해 왔다.

그리고 다음의 두 가지를 분명하게 부인하였다. 하나는, 하나님과 악이 영원부터 함께 있었다는 이원론이다. 이것은 창조주 하나님에 대한 신앙고백을 바르게 하지 못한 잘못으로 정죄되었다. 아무리 설명하기 어렵더라도, 세상의 악 또한 하나님의 주권 아래 있는 것임을 분명히 하였다. 또 하나는, 아담과 하와가 범죄한 이후에 출생하는 그들의 모든 후손들은 그 누구도 처음 창조되었을 때와 동일한 상태에 놓여 있지 않다는 사실이다. 모든 인간은 원죄를 가지고 태어나며, 그 결과 인격의 전반에 걸쳐 부패로 오염되었고, 따라서 하나님의 뜻에 합당한 영적인 선을 행하기를 도무지 원치 않으며, 또한 행할 능력도 없는 영적 무능력의 상태에 처하게 되었다.

그렇다면 성경에서 가르치는 대로 하나님은 지극히 거룩하고 공의로우신데, 이처럼 부패와 무능력의 원죄 아래에 있는 사람이 어떻게 구원을 얻을 수 있겠는가? 하나님은 성경의 계시를 통해 교회에 하나님의 언약이라는 복된 소식을 주셨다. 하나님께서 죄인이 하나님께로 나아올 수 있도록 은혜를 베푸신 것이다. 이 은혜 언약 아래서, 구약 교회의 성도들과 신약 교회의 성도들 모두가 하나님의 전적인 긍휼을 바라며 구원의 복을 누리게 된다. 부패하고 무능력한 사람이 스스로 자신을 구원할 여지를 찾는 일은 처음부터 불가능하다.

그러나 하나님의 긍휼은 거저 주어지는 것이 아니다. 인성을 취하신 성자 하나님, 곧 예수 그리스도께서 그의 백성들의 죄를 대리속죄하기 위하여 죗값을 치르시는 일이 요구되었다. 예수 그리스도가 고난당하신 수동적 순종을 통해 그의 백성들이 죗값을 면제받고, 그분이 행하신 능동적인 순종을 통해 그의 백성들이 율법의 온전한 의를 전가받은 자로서 하나님의 의로운 자녀로 인정받게 된다. 그리고 영생을 누리는 구원의 복을 은혜로 누리게 된다.

그리스도의 대리속죄의 은총을 받고 그분의 의를 전가받기 위하여 죄인은 무엇을 해야 할까? 특별히 이 질문과 관련하여 종교개혁은 역사상 비할 수 없이 중대한 영적 진리를 회복시켰다. 그것은 그리스도의 복음을 믿음으로만 의롭게 된다는 진리이다. 종교개혁 이전의 중세 교회도 그리스도의 은혜를 가르쳤다. 그러나 종교개혁 신학과 로마 가톨릭 신학의 대립은 어떻게 그리스도의 은혜를 받아 영생의 구원에 이를 수 있는가에 초점이 있었다. 로마 가톨릭은 하나님의 은혜를 받아 순종함으로써 그리스도의 속죄의 은혜에 의한 영생을 누릴 수 있다고 가르쳤다. 그러나 종교개혁 신학은 '오직 믿음으로만' 그리스도의 속죄의 은혜를 받는다는 것을 확고히 가르쳤다. 이러한 주장의 권위는 성경에 있었다. 그리하여 종교개혁 신학은 '오직 성경으로'와 '오직 은혜로'에 이어 '오직 믿음으로'를 더하여 로마 가톨릭 신학과 뚜렷이 구별되는 성경적 복음 신앙을 회복할 수 있었다.

이러한 종교개혁 신학의 구원론을 이해하는 일은 얼핏 보면 간단한 듯하지만, 몇 가지 중요한 요점들을 바르게 배우지 않으면 여러 가지 유형의 신앙적 오류를 범하게 된다. 그것은 종교개혁 신학을 이해하는 일이 어렵기 때문이 아니라, 사람이 부패하여 성경의 교훈을 바르게 이해하지 못하기 때문이다.

대표적인 요점들은 다음과 같다.

첫째, 하나님께서 죄인들을 '의롭게 하신다'는 말에 대한 올바른 이해이다. 이것은 하나님과의 관계에서 구원받은 자들이 갖는 신분을 뜻하는 말이다. 즉, 그가 하나님의 진노를 받아야 할 죄인이 아니라 하나님의 사랑을 입은 의인의 신분이나 지위를 가진 자가 되었음을 뜻한다. 그러나 로마 가톨릭은 이 말을 '의의 성질을 가진 자로서 변화한 상태'로 이해한다. 그리하여 하나님께서 실제로 의인의 성질을 가진 의의 상태에 이른 자들을 '의롭다' 하신다고 생각한다.

둘째, '믿음'에 대한 이해이다. 그리스도를 믿는다는 말이 뜻하는 바가 단지 정보의 지식을 의미하는 것에 불과한가? 로마 가톨릭은 종교개혁자들을 향해 그러한 믿음을 가르치는 개신교가 방종한 신자를 양산하는 무책임한 잘못을 범한다고 비판하였다. 그들에게 믿음은 곧 순종이며 사랑의 행위이다. 그러나 종교개혁자들이 발견한 성경의 교훈에 따른 믿음은 항상 행위의 순종과는 구별된다. 다만 그것은 단순한 지식적 동의가 아니라 지식과 정서와 의지의 변화를 기반으로 하는 전적인 신뢰이다.

셋째, '그리스도의 의'에 대한 이해이다. 즉, 그리스도를 믿음으로 신자가 의롭게 된다고 할 때, 그러한 신자의 의가 무엇인가 하는 것에 대한 이해이다. 그리스도를 믿음으로 순종을 통해 신자가 스스로 이루는 자신의 의인가? 아니면 그리스도의 의를 선물로 받는 것인가? 로마 가톨릭은 신자가 이루는 '내재적 의'가 '의롭게 됨'의 근거라고 가르친다. 그러나 종교개혁 신학은 그리스도의 '외재적 의'를 전가받는 것이 성경의 복음이라고 가르친다.

넷째, '은혜'에 대한 이해이다. 부패하며 무능력한 죄인이 어떻게 그리스도를 믿고 순종하여 의를 이루어 의롭다함을 받을 수 있을까? 로마 가톨릭은 이에 대하여 하나님께서 은혜를 죄인의 심령에 주입해 주시고, 그러한 주입된 은혜로 인하여 순종의 능력을 갖게 되어 자신의 의를 이룬다고 말한다. 반면 종교개혁 신학은 의롭게 된다는 것이 도덕적 상태의 개념이 아니라 법정적 신분의 개념이기 때문에 주입된 은혜로 인한 상태를 근거로 의롭게 된다는 것을 인정하지 않는다. 로마 가톨릭 신학에 따르면, 은혜란 사람에게 주어진 특별한 성질이나 능력이다. 그러나 종교개혁 신학은 그러한 은혜 개념을 인정하지 않는다. 구원론에서 은혜란 죄인이 하나님을 향하여 나아가도록 도우시는 하나님의 호의이다.

다섯째, '믿음'과 '행위'에 대한 개념이다. 엄밀하게 말해, 로마 가톨릭에서 의롭게 하는 믿음이란 사랑의 행위이다. 의롭게 하는 믿음의 참된 형상, 곧 본질이 사랑이라고 생각하기 때문이다. 그러나 종교개혁 신학에 따르면, 믿음과 행위는 구분된다. 믿음이란 자신의 의를 부인하고 그리스도의 의를 받아들이는 수동적 성질을 우선적으로 뜻한다. 다만 이 믿음이 그리스도의 은혜를 깊이 깨닫게 하시는 성령 하나님의 도움으로 나타나며, 또한 그 은혜에 감사하는 고백을 낳으므로 반드시 그리스도를 사랑하며 그분의 교훈에 순종하는 행위와 함께 작용하여 나타난다. 종교개혁 신학은 성령 하나님께서 의롭다함을 받도록 그리스도의 의를 바라는 믿음을 주실 뿐 아니라 그 은혜로 인하여 감사하며 그리스도의 교훈에 순종하는 행위를 나타내도록 도우신다는 것을 분명하게 강조한다. 종교개혁 신학은 율법주의적 공로주의를 배격하면서 동시에 율법 폐기론과 같은 방종을 책망한다.

여섯째, '거룩하게 함'에 대한 개념이다. 로마 가톨릭은 앞서 말한 바처럼 '의롭게 함'을 주입된 은혜로 인한 내재적 의에 바탕을 둔 상태적 개념으로 이해한다. 그래서 그들의 신학 사전에는 '칭의'라는 개념이 없다. 그들에게는 의롭게 변화된 상태를 가리키는 '의화'라는 말이 있을 뿐이다. 그러나 종교개혁 신학은 주입된 은혜로 인한 도덕적 상태의 변화를 '의롭게 함'과 구분하여 '거룩하게 함'으로 설명한다. 곧 성화이다. 이러한 상태적 변화는 하나님의 은혜요, 구원받은 자에게서 반드시 나타나는 영적 역사이며, 의롭게 하는 믿음과 필연적으로 함께 나타난다. 그러나 믿음은 행위가 아니며, 또한 의롭게 함은 거룩하게 함이 아니다.

이 외에도 종교개혁 신학의 구원론이 어떻게 로마 가톨릭의 잘못된 신학과 다른지를 바르게 이해하기 위해서는 여러 중요한 개념들을 살필 필요가 있다. 예를 들어, 교회론과 관련하여 로마 가톨릭의 일곱 성례론의 오류들, 특히 고해성사와 연옥, 마리아론과 초림과 재림에 관한 기독론, 그리고 교황을 비롯한 사제론 등이다. 이러한 이해들과 두

루 맞물려 성경에서 벗어난 오류를 바로잡으면서 '오직 믿음으로 의롭게 된다'는 종교개혁의 신학이 형성되었다. 요약하면, 로마 가톨릭의 신인협동론적 세미-펠라기우스주의에 맞서, 오직 하나님의 단독사역에 의한 은혜론을 바르게 전개한 것이 종교개혁의 신학이다.

지평서원에서 출판하는 『오직 믿음으로』는 바로 이러한 대표적인 요점들을 정확하게 짚어 낸다. 작은 책이지만 큰 내용들을 잘 간추려 제시한다. '바울의 새관점'의 주장들이 중세 후기 신학의 결과물들을 다시 들고 나오는 이 시대에, 또한 현대판 값싼 복음주의의 세속화와 성공주의 물결이 그리스도의 영광을 가리는 이 시대에, 다시금 손에 들고 정독해야 할 요긴한 책이 아닐 수 없다. 왜 종교개혁인가? 왜 종교개혁 신학을 따르는 개신교인인가? 좀 더 좁혀서 왜 개혁신학을 따르는 장로교 교인인가? 이러한 질문들에 대한 답이 상식이 되는 정상적인 교회와 교인들의 신앙 인식을 위해, 이 작은 책은 너무나 소중하다. 특히 대화를 나누는 듯하고, 또 열정적인 강의나 설교를 듣는 듯하여 읽기도 쉽다.

이 책을 정독하고 개념을 잘 정리해 두는 사람은 정녕 '오직 여호와의 율법을 즐거워하여 그의 율법을 주야로 묵상하는' 복 있는 사람일 것이다.

Jesus and the Doctrine of Justification

1

루터 이전
예수님과 칭의 교리

_존 맥아더 Jr(John F. MacArthur, Jr.)

복음주의 신학에서 '오직 믿음으로(*sola fide*)'라는 종교개혁의 원리, 곧 '오직 믿음으로 말미암는 칭의(이신칭의)' 교리보다 더 중요한 것은 없다. 마틴 루터(Martin Luther)는 이 칭의 교리를 가리켜 "교회가 서고 넘어지는 것을 결정하는 신앙 조항"이라고 불렀다.

역사를 살펴보면, 이러한 루터의 판단을 확실히 증명하는 객관적인 증거들을 풍성히 발견할 수 있다. '오직 믿음으로'를 확고히 붙들었던 교회와 교파들은 오늘날까지도 복음주의적으로 남아 있다. 그러나 이 교리에 대해 타협하고 포기한 사람들은 불가피하게 자유주의에 조건부로 항복하거나 로마 가톨릭의 사제주의로 되돌아갔으며, 심지어 더욱 심각한 배교에 빠지기도 했다. 그러하기에 역사적 복음주의는 이신 칭의 교리를 (유일하게 가장 중요한 교리는 아닐지라도 거의 그렇다고 생각할 정도로) 언제나 중심적인 특별한 성경의 교리로 간주했다. 그러므로 복음주의자를 곧 이신칭의 교리를 믿는 사람이라고 정의한다 하더라도 지나치지 않을 것이다.

성경은 '오직 믿음으로'라는 원칙을 '행위로 말미암는 의'라는 저주받은 체제에 대항하는 유일한 대안으로 제시한다.

"일하는 자에게는 그 삯이 은혜로 여겨지지 아니하고 보수로 여겨지거니와 일을 아니할지라도 경건하지 아니한 자를 의롭다 하시는 이를 믿는 자에게는 그의 믿음을 의로 여기시나니"(롬 4:4,5).

이스라엘의 배교는 오직 믿음으로 말미암는 칭의를 포기한 데서 비롯되었다.

"하나님의 의를 모르고 자기 의를 세우려고 힘써 하나님의 의에 복종하지 아니하였느니라"(롬 10:3).

달리 말하면, 오직 믿음으로 의롭다하심을 얻기 위해 예수 그리스도를 믿는 사람들은, 완전한 의가 그들에게 전가되어 그 의가 그들의 것으로 여겨진다. 반면 자신의 의를 내세우거나 행위와 믿음을 뒤섞으려 하는 사람들은, 완전함에 이르지 못하는 자들에게 주어지는 무서운 죗값을 치르게 된다. 따라서 교회뿐만 아니라 개인 역시 '오직 믿음으로'라는 원리와 함께 서기도 하고 넘어지기도 하는 것이다.

성경적 칭의 교리는 두 가지 측면에서 전심을 다해 수호되어야 한다. 오늘날 많은 사람들은 칭의 교리를 남용하여, 그것이 마치 하나님의 도덕법에 순종하는 것을 선택적인 것으로 간주하는 양 주장한다. 이것은 하나님의 온전한 구원 사역을 단순히 칭의라는 선언적 행위로만 평가 절하 하는 주장이다. 이런 가르침은 중생이라는 영적 거듭남을 중요하게 생각하지 않는다(고후 5:17 참고). 또한 새로워진 신자의 마음에서 비롯되는 도덕적인 변화를 가벼이 여기게 만들며(겔 36:26,27 참고), 성화를 신자의 노력에 달린 것으로 만들어 버린다. 뿐만 아니라 이런 가르침은 칭의의 법정적 요소, 즉 믿는 죄인을 의롭다고 선포하시는 하나님의 선언적 행위만을 구원의 본질적인 측면으로 간주하는 경향을 보인다. 이런 접근법은 결국 하나님의 은혜를 도리어 방탕한 것으로 바꾸어 버릴 수밖에 없다(유 1:4 참고). 이런 견해를 '도덕률 폐기론(antinomianism)' 또는 '율법 폐기론'이라고 한다.

한편, 칭의가 믿음과 행위 모두와 관계 있다고 이해하는 사람들도 많다. 율법 폐기론이 칭의를 성화와 완전히 분리하는 잘못이라고 한다면, 이번 오류는 하나님의 구원 사역의 두 가지 측면을 뒤섞어 버리는 것이다. 그 결과, 칭의는 그리스도의 완전한 의를 근거로 하는 하나님의 선언적 행위가 아니라 신자의 흠 많은 의를 근거로 하는 하나의 과정이 되어 버린다. 칭의가 성화와 뒤섞이는 순간, 인간의 의로운 행위가 칭의의 본질적인 요소가 되어 버린다. 따라서 믿음이 행위와 뒤섞이고, '오직 믿음으로'라는 원칙이 무너지고 마는 것이다. 갈라디아교회의 율법주의자들이 바로 이러한 오류를 저질렀다(갈 2:16 참고). 바울은 이것을 가리켜 "다른 복음"(갈 1:6,8,9)이라고 부른다. 실제로 모든 잘못된 이교(異敎)에서 이와 동일한 오류가 발견된다. 뿐만 아니라 이것은 로마 가톨릭교회에서 말하는 '의롭게 됨(의화)'[1]의 교리의 근간이기도 하다.

복음주의는 현재 이와 같은 두 가지 오류로부터 공격을 받고 있다. 오늘날 "주권적 구원(lordship salvation)"에 관한 논쟁은 현대판 율법 폐기론을 보여 준다.[2] 동시에 교회는 로마 가톨릭주의와의 일치 운동에 협력할 것을 요구받고 있다. 이런 공격은 복음주의자에게 '오직 믿음으로'에 대한 입장을 완화하고 부드럽게 하라고 요구하며, 갈라디아교회의 칭의 교리, 즉 믿음과 행위를 혼합하는 교리를 합법하다고 인정하라고 요구한다. 특히 복음주의 진영 안에서까지 이런 경향들이 나타나고 있어서 더욱 놀랍고 걱정스럽다.

또한 이신칭의 교리는 복음주의 진영 밖에서도 심각하게 공격당하고 있다. 새로운 세대의 로마 가톨릭 변증학자들이 '오직 믿음으로'에 대항하기 위해 무장하고 있는 것이다. 그들은 성경이 칭의 교리를 가르치지 않는다고 말하면서 칭의 교리를 루터와 종교개혁자들이 고안해 낸 원리라고 주장한다.

나는 최근에 이렇게 주장하는 어느 로마 가톨릭 사제의 발표를 녹음한 테이프를 들어 보았다. 그 사제는 실제로 예수님의 설교와 전도에는

---

1) 역자주 – 'Justification'이라는 단어의 이해와 관련하여 개신교와 가톨릭의 차이가 있다. 개신교는 '오직 믿음으로(by faith)'와 연결하여 'Justification'을 의롭다고 칭함을 받는 신분상의 변화를 뜻하는 개념으로 받아들인다. 한편 가톨릭은 이를 언제나 실제적인 도덕적 변화를 전제하는 개념으로 받아들여 '의화'로 번역한다. 본서에서는 가톨릭의 입장과 관련된 'Justification'을 '의화, 의롭게 함, 의롭게 됨'이라는 말로 표현하고자 한다.
2) 나는 이 오류를 다음과 같은 두 권의 책에서 논박하였다. *The Gospel According to Jesus*(Grand Rapids: Zondervan, 1988, 1994); *Faith Works: The Gospel According to the Apostles*(Dallas: Word, 1993).

이러한 칭의 교리가 나타나지 않는다고 주장했다. 그는 개신교 신학자들과 수시로 논쟁을 벌였으며, 개신교 신학자들에게 예수님이 도대체 성경 어디에서 '누구든지 오직 믿음을 통해서만 의롭다함을 받을 수 있다'고 가르치셨는지를 설명해 보라고 했다. 이 로마 가톨릭 사제는 개신교 신학자들 중 그 누구도 감히 자원해서 자신의 도전에 맞서려고 하지 않는다고 주장했다.

안타깝고 불행하게도 오늘날 복음주의자들은 이러한 도전에 맞설 준비가 되어 있지 못하다. 많은 사람들이 신학을 그저 낙태나 안락사나 동성애, 또는 그와 같은 중대한 도덕적 사안들보다도 중요하지 않은 것으로 치부한다. 로마 가톨릭주의자들과 함께 정치적 광장에 뛰어든 상당수의 사회 활동가들이나 도덕 활동가들은 신학을 논하는 것 자체를 비생산적인 일로 여긴다. 그들은 로마 교회와 종교개혁자들 사이에 존재하는 교리적 차이점들을 그대로 초야에 희미하게 묻어 버리기를 원한다. 적어도 그들이 모든 교리적 차이점들을 그저 부차적인 문제로 간주해 버리려는 것은 틀림없다. 이러한 사상은 '복음주의자들과 로마 가톨릭교도들의 연합(Evangelicals and Catholics Together, ECT)'이라는 문서에서도 여실히 드러난다.[3] 이 문서에서는 복음주의자들에게 가톨릭 신자들을 그리스도 안에서 참된 형제요 자매로 끌어안으라고 요구한다.

이러한 상황인데도 많은 복음주의자들은 무지하고 고지식하여 성경

---

[3] 나는 이 문서를 다음 책에서 언급한 바 있다. *Reckless Faith*(Wheaton, Ⅲ.: Crossway, 1994), p.119-153.

의 참된 가르침을 올바로 변증할 수 없다. 현재 우리는 진리에는 무관심한 채 효과적인 것에만 집착하는 실용주의 시대를 살아가고 있다. 모순되는 견해와 주장에 맞서 참된 복음 진리를 기꺼이 지키려는 사람은 극소수에 불과하다. 논쟁을 피하는 것이 훨씬 쉬우며, 좀 더 예의 바르고 공손한 것처럼 비쳐진다. 그래서 결정적이고도 중대한 복음의 교리들이 공격을 당하는데도 제대로 대응하지 못하는 것이다. 그러나 이러한 풍조는 독을 품은 열매를 맺을 뿐이며, 우리의 다음 세대가 이 파괴적인 열매를 거두게 될 것이다.

오늘날 교리가 통째로 무시를 당하고 있지만, 그중에서도 특히 칭의 교리가 가장 무시당한다고 할 수 있을 것이다. 참으로 놀랍게도 최근 복음주의권에서 칭의 교리에 대한 저작들이 눈에 띄게 사라졌다. 제임스 뷰캐넌(James Buchanan)의 『칭의 교리의 진수』(The Doctrine of Justification, 지평서원 간)는 칭의 교리에 관한 획기적인 작품이라고 할 수 있다. 이 책의 1961년 개정판 머리말에서 제임스 패커(James I. Packer)는 다음과 같이 말한다.

나온 지 이미 한 세기가 지난 뷰캐넌의 이 고전은 오직 믿음으로 말미암는 칭의 교리에 관한 한 영어권 개신교가 낳은 가장 방대한 규모의 연구서라고 할 수 있습니다. 문학 작품의 크기로만 평가한다 하더라도, 지난 수백 년 동안 이 책만큼 열정적인 신학적 사역을 찾아볼 수 없습니다. 가지각색의 잡다한 신학 작품 중에 칭의 교리에 관한 단행본은 나오지 않았습니다. 지난 수세기 동안 우리가 칭의 교리를 이런 식으로 홀대해 왔다는 것을 깨닫는다면, 우리는 현 세기야말로 이미 종교적 배교의 시기이자 쇠퇴의 때이며, 우리가 그런 교리적 배교의 시대에 살고 있다고 결론 내려야 할 것입니다.[4]

신자가 오직 믿음으로 의롭다함을 받는다는 성경의 가르침을 변호하는 것보다 더 중대한 것은 없다. 만일 우리가 한편으로 '율법 폐기론'과 다른 한편으로 '행위로 말미암는 의'라는 악을 피해 안전한 길로 올바로 걸어가기를 원한다면, 반드시 우리의 마음과 눈에 '오직 믿음으로'라는 진리를 분명하게 새겨 넣어야 한다. 사도 바울은 이런 면에서 누구든지 복음을 왜곡시키는 사람에게 영원한 저주가 임하리라 엄중히 선언할 정도로 이 교리를 중요하게 여겼다(갈 1:9 참고). 그러므로 종교개혁 시대에 수많은 개혁자들이 이 교리를 지키기 위해 자신의 생명을 걸었던 것은 조금도 이상한 일이 아니다.

사실 칭의 교리는 종교개혁의 도화선에 불을 붙였다. 지난 수세기 동안 가톨릭 신학은 이 주제를 무시하고 간과했다. 로마 교회는 초기에 종교개혁자들이 교리적으로 도전할 때 답할 준비를 하지 못했다. 따라서 로마 교회의 초기 반응은 도덕적, 또는 교회의 정치 형태에 대한 논

---

[4] James I. Packer in James Buchanan, *The Doctrine of Justification*(Edinburgh: Banner of Truth, 1961), p.2.

쟁으로 치우쳤다. 마틴 루터는 이처럼 로마 교회가 교리에 대해 언급하기를 꺼리고, 특히 칭의 교리에 대해 언급하기를 피하는 데 매우 실망했다. 심지어 루터는, 만일 교황이 참된 복음을 받아들이기만 한다면 교회 조직에 관한 모든 사항들을 기꺼이 양보할 용의가 있다고까지 말했다.[5] 루터는, 로마 가톨릭교회가 용인하는 모든 도덕적 위반과 교회 정치적 부패가 칭의 교리를 잃어버린 데서 비롯된 당연한 결과라고 이해했다. 이신칭의 교리가 사라졌기 때문에 면죄부 판매와 교회 권력의 남용이 나타날 수밖에 없었다고 이해한 것이다.

결국 사람들이 이신칭의 교리에 대한 종교개혁자들의 설교를 듣고서 각성하여 성경의 진리에 눈을 뜨게 되자, 로마 가톨릭교회는 이에 대응할 수밖에 없었다.

로마 가톨릭교회의 복음

결국 로마 교회는 16세기에 트렌트 공의회(Council of Trent)를 통해 칭의 교리에 대한 입장을 밝혔다. 트렌트 공의회는 종교개혁에 대한 로마 교회의 공식적인 답변이었다. 공의회에서는 대부분 특히 개신교의 교리와는 극명하게 대립하는 가톨릭교회의 교리를 제시하는 작업이 이루어졌다. 그중에서도 칭의 교리에 관한 문제만큼 로마 가톨릭교회와

---

[5] Martin Luther, *Table Talk*, in Helmut T. Lehman, ed., *Luther's Works*, 55 vols.(Philadelphia: Fortress, 1967), Theodore G. Tappert, trans., 54:185.

종교개혁자들 사이에 입장이 극명하게 차이나는 것은 없다.

트렌트 공의회에서 제시된 규범과 법령들은 중세 주교들의 낡은 견해가 아니다. 그것들은 오늘날까지 로마 교회의 공식적인 입장을 대변한다. 이후에 이어진 가톨릭교회의 모든 공의회들은 한결같이 트렌트 공의회의 선언을 다시금 확증할 뿐이다. 실제로 1960년대에 열린 제2차 바티칸 공의회(Second Vatican Council)는 트렌트 공의회의 교리들을 더 이상 '수정할 수 없는 교리'로 선언하였다.[6] 모든 신실한 가톨릭교도들은 트렌트 공의회에서 제정된 모든 교리들을 오류가 없는 진리로 받아들여야만 한다. 그러므로 '의롭게 됨'에 대한 로마 가톨릭교회의 교리를 이해하기 위해서는 반드시 트렌트 공의회가 제시한 내용을 살펴야만 한다.

트렌트 공의회는 신자가 신적 은혜로 구원을 받는다는 사실을 공공연하게 부인하지는 않았다. 실제로 트렌트 공의회는 특별히 "하나님이 그리스도 예수 안에 있는 속량으로 말미암아 그분의 은혜로 죄인들을 의롭다 하신다"라고 진술했다.[7] 물론 이것은 로마서 3장 24절을 되풀이한 것이다. 그러나 성경은 트렌트 공의회가 기꺼이 인정하는 것보다 훨씬 더 나아간다. 로마서 11장 6절을 보라.

"만일 은혜로 된 것이면 행위로 말미암지 않음이니 그렇지 않으면 은혜가 은혜 되지 못하느니라."

---

[6] *Lumen Gentium*, p.25, in Walter M. Abbot, S. J., ed., *The Documents of Vatican II* (New York: America Press, 1966).
[7] Canons and Decrees of the Council of Trent, sess.6, chap.6.

그런데도 트렌트 공의회는 행위를 의롭게 되는 데 반드시 필요한 한 부분으로 제시했다. 그리하여 은혜를 '은혜 되지 못하게' 만들어 버렸다. 따라서 트렌트 공의회가 비록 신적 은혜를 확증하면서 시작했다 하더라도, 그들이 묘사하는 '의롭게 됨'의 교리는 사실상 하나님의 은혜를 부패시키는 '다른 복음'일 뿐이다.

'하나님의 법정적 행위'가 아니라 '신자에 의해 좌우되는 과정'인 의롭게 함

트렌트 공의회는 '의롭게 함'을 죄인이 실제로 의롭게 되는 '과정'으로 보았다. 달리 말하면, 그것을 가리켜 성화를 필연적으로 수반하는 과정이라고 주장한다. 트렌트 공의회의 주장에 따르면, '의롭게 함'에는 '하나님의 은혜와 용서를 자발적으로 기꺼이 받아들임으로써 죄가 사면되는 것뿐만 아니라 속사람이 거룩해지고 새롭게 되는 것'이 포함되며, 이를 통해 '불의한 자가 실제로 의로워진다.'[8]

더욱이 트렌트 공의회에 따르면, '의롭게 함'은 전 생애에 걸쳐 이루어진다.[9] 그리고 사실상 이 과정은 현세의 삶을 넘어 다음 세상으로까지 이어진다. 따라서 그들에게는 영원한 형벌의 모든 죄책을 없애기 위해 연옥(煉獄)이 필요하다.

만일 누구든지 모든 회개하는 죄인이 '의롭게 하는' 은혜를 받음

---

8) Trent, sess.6, chap.7.
9) Trent, sess.6, chap.10.

으로써 죄를 용서받고 영원한 형벌을 받아야 할 죄책이 면제되어 하나님의 나라로 들어갈 수 있는 길이 열리기 전에 이 세상이나 다음 세상의 연옥에서 받아야 할 한시적인 형벌이 더는 남지 않게 된다고 말한다면, 그에게 저주가 있을지어다.[10]

이에 따르면, 그 어떤 사람도 의롭게 되는 과정을 견뎌 낼 수 있으리라는 보증이 없으며, 어떤 사람은 타락하고 완전히 잃어버린 바 될 것이다.[11] 그러나 "죄로 말미암아 의롭게 되는 은혜로부터 떨어져 나간 사람도 고해성사를 통해 다시 의로워질 수 있다."[12]

다시 말해, '의롭게 됨'을 지키기 위해 선한 행위가 필요하며, 죄를 지은 신자는 반드시 종교 의식을 통해 다시금 의롭게 되어야만 한다는 것이다. 이것은 의심할 여지 없이 '오직 믿음으로'라는 원칙을 명백히 부정하는 것이다.

'오직 믿음'이 아니라 '믿음 더하기 행함'

칭의 교리에 관하여 믿음의 중요성에 대해 듣기 좋은 말로 비위를 맞추는 동안, 트렌트 공의회는 의화의 도구적 원인(의화를 얻는 수단)이 믿음이 아니라 '세례성사'라고 선언했다.[13]

---

10) Trent, sess.6, canon.30.
11) Trent, sess.6, chap.13.
12) Trent, sess.6, chap.14.
13) Trent, sess.6, chap.7.

이와 같은 맥락에서, 트렌트 공의회는 "누구든지 받은 의를 하나님 앞에서 선한 행위를 통해 보존하고 성장시켜야 하는 것이 아니라고 말하며, 선한 행위들이 단지 '의롭게 하심'의 열매요 표징일 뿐 성장의 원인이 될 수는 없다고 말한다면, 그에게 저주가 있을지어다"[14]라는 법령을 제정하였다. 다시 말하면, '의롭게 하심'을 얻고 보존하고 성장시키기 위해 행위가 필요하다는 것이다. 만일 믿음에 행위가 더해지지 않는다면 '의롭게 하심'의 목적을 이루지 못한다는 말이다.

더 나아가 로마 가톨릭은 은혜조차도 행위를 통해 수여되는 것으로 주장한다.

> 만일 누구든지 위에 언급한 성사에 의해……은혜가 행위나 공로를 통해 수여되는 것이 아니며, 신적 약속 안에서 오직 믿음만으로 은총을 얻는 데 충분하다고 말한다면, 그에게 저주가 있을지어다.[15]

계속해서 트렌트 공의회는 '오직 믿음으로'를 명백히 부정하고 거절한다. "만일 누구든지 오직 믿음만으로 죄인이 의롭다함을 받는다고 말한다면, 즉 의롭게 되는 은혜를 얻기 위해 믿음 외에 다른 것은 전혀 협력하지 않는다고 말한다면, 그에게 저주가 있을지어다."[16] 다른 말로 하면, 트렌트 공의회는 누구든지 행함 없이 오직 믿음만으로 의롭다함

---

14) Trent, sess.6, canon.24.
15) Trent, sess.7, canon.8.
16) Trent, sess.6, canon.9.

을 얻는다고 주장하면 영원히 저주의 정죄를 받게 되리라고 선언하는 것이다.

'전가된 의'가 아니라 '주입된 은혜'

앞에서 살펴본 것처럼, 칭의가 성화와 뒤섞이면, 칭의의 근거는 그리스도의 완전한 의가 아니라 죄인 자신의 불완전한 의가 되고 만다. 트렌트 공의회는 이것을 매우 명백하게 인정한다.

> 누구든지 성령이 사람들의 심령에 부어 주심으로써 내재하게 하신 은혜와 사랑을 배제한 채, 오직 그리스도의 의의 전가와 죄의 사면만으로 사람이 의롭게 된다고 말하거나, 또는 사람이 의롭게 되는 은혜가 오직 하나님의 선하신 뜻으로 말미암는다고 말한다면, 그에게 저주가 있을지어다.[17]

이 점을 볼 때, 트렌트 공의회의 주장은 '죄인에게 전가되어 죄인의 것으로 간주되는 그리스도의 완전한 의만이 죄인을 하나님 앞에서 하나님이 받으실 만한 자로 세워 주는 유일한 의'라는 종교개혁의 가르침과 정확하게 모순된다. 트렌트 공의회는 은혜가 신자의 마음에 주입됨으로써 신자의 마음에 의(신자 자신의 의)가 내재하게 된다고 주장한다. 이 내재적인 의가 하나님 앞에서 우리가 받아들여지는 근거라는 것이

---

17) Trent, sess.6, canon.11.

다(이 의는 반드시 성화와 연옥을 통해 완전해져야만 한다).

'성경적 메시지'가 아니라 '다른 복음'

성경은 이런 것을 가르치지 않는다. 사실 로마 가톨릭교회에서 말하는 칭의 교리는 정확히 사도 바울이 정죄한 "다른 복음"(갈 1:6,8,9)이다. 성경은 하나님을 가리켜 "일을 아니할지라도 의롭다 하시는 이"라고 말한다(롬 4:4-6 참고). 바울은 올바른 칭의 교리를 견지하기 위해 다른 모든 것들을 찌꺼기와 배설물로 여겼다.

"또한 모든 것을 해로 여김은 내 주 그리스도 예수를 아는 지식이 가장 고상하기 때문이라. 내가 그를 위하여 모든 것을 잃어버리고 배설물로 여김은 그리스도를 얻고 그 안에서 발견되려 함이니 내가 가진 의는 율법에서 난 것이 아니요 '오직 그리스도를 믿음으로 말미암은 것이니 곧 믿음으로 하나님께로부터 난 의'라"(빌 3:8,9).

그러나 트렌트 공의회는 바로 이 칭의 교리의 핵심을 명백하게 부정한다!

또한 성경은 칭의가 하나의 과정이 아니라 하나님의 선언적 행위라고 가르친다. 예수님은 신자들에게 즉각적인 구원을 약속하셨다.

"내가 진실로 진실로 너희에게 이르노니 내 말을 듣고 또 나 보내신 이를 믿는 자는 영생을 얻었고 심판에 이르지 아니하나니 사망에서 생명으로 옮겼느니라"(요 5:24).

이 말씀은 죄인이 오직 믿음으로 사망에서 벗어나 영원한 생명으로 들어간다는 것을 분명히 진술한다. 성화는 구원의 선행 조건이 아니라 그 결과이다. 게다가 성경에서는 연옥이라는 것을 단 한 번도 언급하지 않았다. 사실 성경은 신자의 칭의에 대해 말할 때 언제나 믿는 순간에 이미 일어난 과거 시제로 언급한다.

"그러므로 우리가 믿음으로 의롭다하심을 받았으니 우리 주 예수 그리스도로 말미암아 하나님과 화평을 누리자"(롬 5:1).

"그러면 이제 우리가 그의 피로 말미암아 의롭다하심을 받았으니 더욱 그로 말미암아 진노하심에서 구원을 받을 것이니"(롬 5:9).

"그러므로 이제 그리스도 예수 안에 있는 자에게는 결코 정죄함이 없나니"(롬 8:1).

이처럼 우리의 칭의는 아직 끝나지 않은 과제가 아니라 이미 이루어진 사실이다.

또한 성경은 칭의가 믿음 더하기 행위로 이루어지는 것이 아니라 오직 믿음으로 말미암아 이루어진다고 매우 분명히 선언한다.

"너희는 그 은혜에 의하여 믿음으로 말미암아 구원을 받았으니 이것은 너희에게서 난 것이 아니요 하나님의 선물이라. 행위에서 난 것이 아니니 이는 누구든지 자랑하지 못하게 함이라"(엡 2:8,9).

오직 믿음으로 말미암는 칭의가 지금까지 구원의 유일한 길이었으며, 현재도 유일한 구원의 방법이다.

"성경(구약성경)이 무엇을 말하느냐? 아브라함이 하나님을 믿으매 그것이 그에게 의로 여겨진 바 되었느니라. 일하는 자에게는 그 삯이 은혜로 여겨지지 아니하고 보수로 여겨지거니와 일을 아니할지라도 경건하지 아니한 자를 의롭다 하시는 이를 믿는 자에게는 그의 믿음을 의로 여기시나니 일한 것이 없이 하나님께 의로 여기심을 받는 사람의 복에 대하여 다윗이 말한 바"(롬 4:3-6).

그렇다면 우리는 구원을 얻기 위하여 무엇을 해야만 하는가? 성경은 이 질문에 대해 가장 분명하고도 명백하게 대답한다.

"이르되 주 예수를 믿으라. 그리하면 너와 네 집이 구원을 받으리라"(행 16:31).

행위는 우리의 칭의에 아무런 영향도 끼치지 못한다. 죄인을 하나님이 받으실 만한 존재로 만드는 것은 오직 우리에게 전가된 구주 예수 그리스도의 공로뿐이기 때문이다.

예수님이 가르치시는 복음

이제 다시 로마 가톨릭 사제들의 도전을 살펴보자. 만일 오직 믿음으로 말미암아 의롭다하심을 얻는다는 것이 그토록 결정적이며 중대한 칭의 교리라면, 우리 구주 예수 그리스도께서도 분명히 이것을 가르치시지 않았겠는가? 그렇다! 우리는 성경에서 그 사실을 발견할 수 있다.

그리스도께서 '칭의 교리'라는 형식적인 표현(바울이 로마서에서 표현한 것처럼)을 사용하시지는 않았지만, 이신칭의는 주님의 복음 설교와 모든 가르침에 충만하게 스며 있는 기본 원리였다. 예수님께서 따로 칭의라는 주제에 대해 강연하시지는 않았지만, 예수님의 전도 사역을 보면, 그분이 '오직 믿음으로'라는 원리를 가르치셨음을 쉽게 증명할 수 있다.

예를 들면, 예수님은 "내 말을 듣고 또 나 보내신 이를 믿는 자는……사망에서 생명으로 옮겼느니라"(요 5:24)라고 말씀하셨다. 아무런 성례나 의식도 필요 없고, 어떤 기다림이나 연옥이라는 과정도 필요 없다. 십자가에 달린 강도는 이런 가르침을 보여 주는 매우 전형적인 사례이다. 믿음의 증거가 가장 부족한 그에게 예수님은 이렇게 말씀하신다.

"내가 진실로 네게 이르노니 오늘 네가 나와 함께 낙원에 있으리라"(눅 23:43).

칭의를 얻는 데는 그 어떤 성례나 행함도 필요 없다.

더욱이 예수님이 행하신 많은 병 고침, 즉 신유의 사역들은 죄를 용서하시는 주님의 권세를 증명하는 물리적인 증거들이었다(마 9:5,6 참고). 예수님은 병을 고쳐 주시면서 종종 이렇게 말씀하셨다. "네 믿음이 너를 구원하였다"(마 9:22; 막 5:34, 10:52; 눅 8:48, 17:19, 18:42 참고). 병을 고치는 이 모든 사역들에는 오직 믿음으로 말미암는 칭의 교리가 잘 나타나 있다.

특히 주님은 실제로 누군가를 "의롭다"라고 선언하심으로써 칭의 교리에 대한 최고의 통찰력을 우리에게 제공하신다.

"또 자기를 의롭다고 믿고 다른 사람을 멸시하는 자들에게 이 비유로 말씀하시되 두 사람이 기도하러 성전에 올라가니 하나는 바리새인이요 하나는 세리라. 바리새인은 서서 따로 기도하여 이르되 하나님이여 나는 다른 사람들 곧 토색, 불의, 간음을 하는 자들과 같지 아니하고 이 세리와도 같지 아니함을 감사하나이다. 나는 이레에 두 번씩 금식하고 또 소득의 십일조를 드리나이다 하고, 세리는 멀리 서서 감히 눈을 들어 하늘을 쳐다보지도 못하고 다만 가슴을 치며 이르되 하나님이여 불쌍히 여기소서 나는 죄인이로소이다 하였느니라. 내가 너희에게 이르노니 이에 저 바리새인이 아니고 이 사람이 의롭다하심을 받고 그의 집으로 내려갔느니라. 무릇 자기를 높이는 자는 낮아지고 자기를 낮추는 자는 높아지리라 하시니라"(눅 18:9-14).

예수님의 비유를 들은 사람들은 놀랄 수밖에 없었다. 왜냐하면 그들은 자기가 의롭다고 믿고 있었기 때문이다(눅 18:9 참고). 이것은 '자기 의(self-righteousness)'를 너무나 명확히 보여 준다. 가장 엄격한 율법적 기준을 견지하는 바리새인들은 사람들의 신학적 영웅이었다. 바리새인들은 금식하고, 사람들에게 위대한 모습을 보여 주려고 기도하고 구제하였으며, 모세가 명령한 것보다 더 철저히 의식법을 적용하였다. 그들은 자신을 "율법의 의로는 흠이 없는 자"(빌 3:6)로 여기기까지 했다.

그런데 예수님께서 "내가 너희에게 이르노니 너희 의가 서기관과 바리새인보다 더 낫지 못하면 결코 천국에 들어가지 못하리라"(마 5:20)라고 말씀하셨다. 말씀을 듣던 무리는 깜짝 놀랐다. 예수님은 이어서 "그러므로 하늘에 계신 너희 아버지의 온전하심과 같이 너희도 온전하라"(마 5:48)라고 말씀하셨다. 분명히 주님은 사람의 힘으로는 절대 이를 수 없는 표준을 제시하셨다. 그 누구도 서기관과 바리새인들의 엄격한 삶을 능가할 만큼 의로워질 수는 없기 때문이다.

그러나 우리 주님은 한 걸음 더 나아가 기도하는 바리새인보다 혐오스러운 세리를 영적으로 더 나은 사람으로 평가하심으로써 청중들을 더욱 놀라게 하셨다.

예수님이 하신 말씀의 요점은 매우 분명하다. 주님은 칭의가 오직 믿음으로 말미암는다는 것을 가르치고 계셨다. 칭의에 관한 모든 신학이 바로 여기에 있다. 우리 예수님은 추상적인 신학을 제시하시지 않았다. 예수님은 우리를 위해 비유를 들어 이 요점을 분명하고도 쉽게 가르쳐 주셨다.

하나님의 사법적 행위

세리의 칭의는 즉각 이루어진 현실이었다. 세리가 받은 칭의에는 어떤 과정이나 기다림의 시간도 없었으며, 앞으로 다가올 연옥의 두려움도 없었다. 세리는 자신이 행한 어떤 일이 아니라 그를 대신하여 그를 위해 행해진 일로 인하여 '의롭다하심을 받고 그의 집으로 내려갔다'(눅 18:14 참고).

세리가 자신의 무능력을 고백했다는 사실에 주목하라. 세리는 자신이 결코 갚을 수 없는 엄청난 빚을 지고 있다는 사실을 잘 알고 있었다. 그가 할 수 있는 일이라고는 그저 회개하며 자비를 베풀어 달라고 간구하는 것뿐이었다. 세리의 기도와 교만한 바리새인의 기도를 대조해 보라. 세리는 자신이 행한 일을 일일이 열거하지 않았다. 그는 자신이 행한 가장 훌륭한 일조차도 단지 죄로 가득할 뿐임을 잘 알고 있었다. 세리는 하나님을 위해 드릴 것이 아무것도 없었다. 그저 자신을 위해 자신이 할 수 없는 일을 하나님께서 해 주시기를 기도하고 간청할 뿐이었다. 바로 이것이 예수님이 요구하시는 참된 회개이다.

오직 믿음으로

세리는 어떤 고행이나 성례적 행위, 또는 의식적 행위나 공로적 행위를 수행하지 않고서도 의롭다함을 받고 집으로 돌아갔다. 세리는 전적으로 믿음으로 의롭다하심을 받은 것이다. 그래서 바리새인이 언급한 행위들이 없어도 전적으로 완전히 의롭다하심을 받은 것이다. 세리의 죄를 속량하고 죄가 용서받기 위해 필요한 모든 것들이 이미 그를 위해 성취되고 완성되었다. 그래서 세리는 믿음으로 즉시 의롭다하심을 받았다.

다시 말하지만, 예수님은 바리새인과 세리를 분명하게 대조하신다. 바리새인은 자신이 행한 금식과 십일조를 비롯한 모든 의로운 행위들이 자신을 하나님이 받으실 만한 존재로 만들어 주리라 강하게 확신하고 잘난 체하였다. 그러나 바리새인은 이런 모든 노력과 행위에도 의롭다하심을 받지 못했다. 반면 주님만을 의지한 세리는 오직 믿음으로 완전한 칭의를 받았다.

전가된 의

당신은 산상수훈에서 예수님이 하신 말씀을 기억하는가? "내가 너희에게 이르노니 너희 의가 서기관과 바리새인보다 더 낫지 못하면 결코 천국에 들어가지 못하리라"(마 5:20).

그런데 예수님은 당시 가장 악한 부류에 속했던 세리가 의롭다하심을 받았다고 말씀하셨다. 도대체 어떻게 죄인인 세리가 바리새인의 의를 뛰어넘는 거룩한 의를 얻을 수 있다는 말인가? 하나님의 온전하심이 의의 기준이라면(마 5:48 참고), 도대체 어떻게 민족을 배반한 세리와 같은 죄인이 하나님 앞에서 의롭게 여겨질 수 있다는 말인가?

이에 대해서는 세리가 자신의 것이 아닌 의를 받았다고밖에 말할 수 없다(빌 3:9 참고). 거룩하고도 완전한 의가 믿음으로 그에게 전가된 것이다(롬 4:9-11 참고).

그렇다면 누구의 의가 세리의 의로 간주되었는가? 그것은 세리의 죄를 짊어지고 그를 대신하여 하나님의 진노의 형벌을 감당한, 흠 없고 점 없는 대속자의 완전한 의여야만 한다. 그리고 복음은 바로 예수님께서 이 일을 행하셨다고 분명히 밝힌다.

세리는 의롭다하심을 받았다. 하나님은 그리스도의 충만하고도 완전한 의를 세리에게 전가하심으로써 모든 불의를 용서하고, 모든 정죄에서 그를 해방하셨으며, 세리를 의롭다고 선언하셨다. 그 이후로 영원토록 세리는 자신에게 전가된 완전한 의를 근거로 하나님 앞에 설 것이다.

바로 이것이 칭의이다. 바로 이것이 참되고도 유일한 복음이다. 신학의 다른 모든 요점들이 바로 여기서 흘러나온다. 이에 대해 제임스 패커는 다음과 같이 진술한다. "믿음으로 의롭다함을 받는 칭의 교리는 마치 아틀라스(Atlas)[18]와 같다. 칭의 교리는 구원의 은혜에 관한 복음의 지식이라는 전세계를 그 어깨에 짊어지고 있는 것과 같다."[19]

로마 가톨릭교회와 종교개혁자들의 견해 차이는 사소한 신학적 차이가 아니다. 이신칭의 교리에 대한 이해는 실로 복음의 기초이며 근간이다. 만일 당신이 이 점에 관하여 잘못된 길을 걸어간다면, 당신이 믿는 다른 모든 교리들 역시 잘못될 수밖에 없다. 그러하기에 "다른 복음"은 하나님의 영원한 저주 아래 있을 수밖에 없다.

이신칭의 교리는 절대 루터가 고안해 낸 것이 아니다. 이러한 칭의 교리는 루터가 태어나기 오래전부터 이미 어거스틴(Augustine)에 의해, 그리고 바울과 예수님과 모세에 의해 선포된 가르침이기 때문이다. 심지어 에덴동산의 아담과 하와도 이 교리를 보여 준다. 그들은 범죄하고 나서 즉시 무화과나무의 잎으로 자신들의 부끄러움을 가리려고 했지만, 그런 행동이 전적으로 부적절하다는 것을 깨달았다(창 3:7 참고). 모세는 창세기 3장 21절에서 하나님께서 그들에게 가죽 옷을 지어 입히셨다고 말한다. 그때 이미 복음이 주어진 것이다. 아담과 하와에게는 자신들을 위해 스스로 제공할 수 없는 다른 무언가가 필요했다. 그리고 하나님께서 그들이 하나님의 은혜로운 임재 앞에 올바로 서기 위해 필

---

18) 역자주 – 그리스 신화에 등장하는 인물로, 어깨에 지구를 짊어지고 있는 거인이다.
19) Packer, in Buchanan, p.2.

요한 그것을 주셨다. 이것이 바로 복음의 본질이요 정수이다. 루터는 단지 지난 수세기 동안 참된 그리스도인들이 이해해 왔던 그것을 다시금 진술했을 뿐이다. 그것이 바로 '오직 믿음으로 의롭다함을 얻는다'는 진리이다.

The Forensic Nature of Justification

2

오직 믿음으로 말미암는 칭의
칭의 교리의 법정적 특성

_R. C. 스프롤(R. C. Sproul)

'법정적(forensic)'이라는 단어는 매우 대중적으로 사용되는 종교적 용어이다. 그러나 이 용어는 일상적으로도 낯선 단어는 아니다. 신문과 다른 보도 매체, 특히 범죄 수사나 형사 재판에서도 이 말이 자주 사용된다. 법의학자와 검시관이 하는 일도 법의학(forensic medicine) 또는 법적 증거(forensic evidence)라 불리는 것들과 밀접하게 관련되어 있다. 여기서 '법정적'이라는 용어는 법 체계 및 법적 절차와 관련된 사안이라는 말이다.

일상적으로 사용되는 '법정적'이라는 용어의 두 번째 의미는, 공개적인 토론과 관계가 있다. 학교와 대학에서는 종종 주(州) 전체 규모로 '법적 사건들(Forensic Events)'이라 불리는 재판 경연이 열린다. 이 경연에 참가하는 학생들은 변론하거나 공적인 논쟁에 참여한다.

'법정적'이라는 말의 이런 통상적인 용법과 신학적인 용법의 관계는 꽤 단순하다. '법정적'이라는 용어를 칭의 교리와 관련하여 사용할 때, 그것은 일종의 선언(declaration)을 수반하는 법률적 또는 법정적 문제와 관련된다. 따라서 우리는 그것을 단순하게 법률적인 선언을 의미하는 것으로 생각할 수 있다.

칭의 교리는 가장 높은 천상의 법정에서 다루어지는 법적 사건과 관련되어 있다. 즉, 그것은 하나님의 주권적인 법정에서 내려지는 판결에 관한 것이다. 타락한 인간으로서 우리가 직면하는 모든 문제들의 바탕에는 '과연 의롭지 못한 죄인이 어떻게 완전히 거룩하고 의로우신 하나님의 재판정에서 살아남을 수 있느냐' 하는 것이 있다. 하나님께서 세상의 모든 것을 심판하신다. 이 문제 앞에서 우리는 궁지에 빠진다. 하나님은 의로우신 반면, 우리는 의롭지 못하다. 만일 하나님이 공의로 우리를 심판하신다면, 우리는 영원한 지옥의 형벌을 피할 수 없을 것이다.

거룩하신 하나님은 자신의 피조물이 거룩하기를 바라신다. 하나님은 완전한 거룩을 요구하신다. 그런데 우리가 단 한 번이라도 죄를 짓는다면, 우리는 하나님 앞에서 결코 갚을 수 없는 죗값을 지고 만다. 우리가 불완전함으로 한 번 더러워지고 훼손되고 나면, 그 이후에는 그 불완전함이나 결함을 절대 메울 수 없다. 우리는 어느 누구도 깨끗하게 할 수 없는 얼룩을 지우려고 노력하는 맥베스(Macbeth) 부인[1]처럼, 고통스러

---

1) 역자주 – 셰익스피어의 4대 비극 가운데 하나인 '맥베스'의 등장인물로, 야망에 의해 남편을 왕으로 만들고자 살인을 저지르며 뜻을 이루었지만 이후에 환영에 시달리다가 결국 자살하고 만다.

운 삶을 살게 될 것이다. 죄 또는 죄책감이라는 이 얼룩은 자연적으로나 인간적인 수단으로는 절대 지울 수가 없다. 우리의 죄가 주홍 같을지라도 눈과 같이 희어지게 하고 진홍같이 붉을지라도 양털같이 희게 할 수 있는 하나님만이 우리를 깨끗하게 하실 수 있다(사 1:18 참고).

우리는 불의한 죄인이 어떻게 하나님 앞에서 의로운 자가 될 수 있느냐 하는 문제에 직면했다. 이 질문에 대하여 서로 대립되는 두 가지 답변이 제시되어 왔다. 바로 로마 가톨릭교회와 개신교의 답변이다. 이 답변들은 두 진영 사이에 심각한 논쟁의 불을 지폈다. 역사 가운데 이 두 가지 견해들만 있었던 것은 아니지만, 이 두 가지 견해가 주로 충돌하였다. 확실히 16세기에 나타났던 칭의 교리에 대한 논쟁은 교회 역사상 가장 격렬하고도 대립적인 논쟁이었다.

이 문제를 다음과 같이 요약할 수 있다. 우리가 실제로 의롭게 되는 과정에 의해 의로워지는가, 아니면 하나님께서 의롭다 여겨 주시는 선언적 결의를 통해 의롭다함을 받는가? 우리가 과연 칭의를 통해 의롭다고 선언되는 것인가, 아니면 실제로 의롭게 되는 것인가?

어떤 측면에서 이것은 기만적인 딜레마일지도 모른다. 왜냐하면 개신교가 칭의를 통해 이미 의롭다고 선언된 사람들이 성화와 영화를 통해 의롭게 된다고 주장하기 때문이다. 그렇다면 이 논쟁은 단지 어의적인 논쟁에 불과한가? 즉, 개신교회가 '성화'라고 부르는 것을 로마 가톨릭교회가 '의화'라고 부르는 것일 뿐인가?

분명히 이러한 용어 사용의 혼동은 이 논쟁을 더욱 격렬하게 만들었다. 그러나 정말 중요한 것은 과연 성경은 칭의를 뭐라고 정의하는가 하는 것이다. 칭의 교리에 관하여, 우리는 로마 가톨릭교회의 선언이나 개신교회의 신앙고백적 선언이 아니라, 성경의 선언을 궁극적인 권위로 삼는다. 칭의에 관하여 개신교와 로마 가톨릭의 견해는 분명히 다르다. 문제는 로마 가톨릭과 개신교 중 어느 쪽이 성경적인 견해를 정확하게 고백하는가 하는 것이다.

여기에는 언어의 사용이 유동적으로 변화함으로써 더욱 심해지는 어의론적 문제가 있다. 알리스터 맥그래스(Alister E. McGrath)는 어의 영역 이론(semantic field theory)을 적용하여 이 문제에 주목한다. 칭의의 개념에 관한 맥그래스의 진술을 들어 보자.

> 한 단어의 어의 영역에는 동의어(synonyms)뿐만 아니라 반의어(antonyms), 동음이의어(homonyms), 동음이형이의어(homophones)가 모두 포함된다. 이것은 단순한 사전적 영역보다 훨씬 광범위하다. 이런 경우에 한 단어의 의미를 더욱 정확하게 정의하기 위해서는, 그 의미를 서로 밀접하게 관련되어 있는 다른 단어들과의 관계 속에서 살펴보아야 한다……한 단어를 다른 언어로 번역할 때는 어쩔 수 없이 어의론적 왜곡이 나타날 수밖에 없다. 그로 인해 본래 지니고 있던 의미와 관련 의미들이 잘 전달되지 못하고, 본래는 없었던 새로운 의미와 관련 의미들이 나타나게 된다.[2]

---

[2] Alister E. McGrath, *Justitia Dei* Vol.1.(Cambridge: Cambridge University Press, 1986), p.9.

문서를 번역하는 일에 종사해 본 사람이라면, 누구나 맥그래스가 제기한 문제에 공감할 것이다. 그런데 그는 이러한 문제가 칭의 교리의 역사적 발전에도 매우 큰 영향을 미쳤다고 생각한다. 또한 그는 칭의의 개념과 칭의 교리 사이에 차이가 있다고 주장한다. 그의 말을 들어 보자.

칭의의 개념은 신구약성경에서 나타나는 많은 내용들 중 하나이다. 특히 바울 서신에서 자신의 백성을 향한 하나님의 구원 행위를 묘사하는 데서 이 개념이 나타난다……칭의 교리는 성경이 본래 말하는 의미와는 사실상 별개로 하나의 의미를 발전시켰다. 그것은 사람이 하나님과 관계를 맺는 방편에 관한 관심이다.[3]

우리는 칭의의 개념과 칭의 교리 사이에 차이가 있다는 맥그래스의 견해에는 동의한다. 그러나 칭의 교리 역시 성경 안에 나타나 있다는 사실을 지적하지 않을 수 없다. 성경적 칭의 교리와 성경적 칭의의 개념을 구별할 수는 있지만, 이 둘을 분리해서는 안 된다. 말하자면, 성경적 칭의 교리는 성경적 칭의의 개념으로 만들어진 교리이다.

성경의 용어들을 오늘날의 언어로 번역할 때는 어의 영역 이론이 적용된다. 이런 문제는 히브리어 '체다카(*tsedaqah*)'를 헬라어 '디카이오순(*dikaiosun*)'으로 번역하고, 그것을 다시 교부들과 특히 스콜라 철학 시대에 사용했던 라틴어로 번역하는 데도 적용된다. '의롭게 하다'라는

---

3) Ibid., p.2.

뜻의 영어 단어 'justify'는 라틴어 '유스티피카레(*iustificare*)'에서 유래했다. '유스티피카레'라는 말은 로마 시대의 문화에서 유래한 것으로서, '만들다'라는 의미를 지닌 어근 '파카레(*facare*)'에서 파생된 것이다. 그런 면에서 볼 때, '유스티피카레'는 '의롭게 만들다'라는 뜻을 가진다고 볼 수 있다.

맥그래스는 후대 로마 가톨릭교회에서 '의롭게 하심'의 교리가 발전하는 데 중추적인 역할을 한 어거스틴이 이를 라틴어적인 의미로 다룬다고 말한다.

> 어거스틴은 '유스티피카레'라는 단어를 '의롭게 만들다'라는 의미로 이해했다. 그는 전 생애 동안 이 단어를 그렇게 이해한 것 같다. 그는 '비비피카레(*vivificare*, 소생시킴 또는 살려 냄)'와 '모티피카레(*mortificare*, 죽임)'에서 유추하여 '파카레'를 강세가 없는 형태인 '파세레(*facere*, 효과 있게 만들어 냄)'로 해석함으로써 그러한 이해에 도달한 것 같다. 비록 라틴어를 이런 식으로 해석할 수 있다 하더라도, 거기에 깔려 있는 히브리어의 개념을 제대로 해석했다고 할 수는 없다.[4]

맥그래스는 계속해서 말한다.

---

[4] Ibid., pp.30-31.

어거스틴은 '의롭게 하심'에서 얻게 되는 의를 전가된 의라기보다는 내재된 의로 간주했다……인간이 받는 의가 비록 하나님께로부터 온 것이라 할지라도, 그것은 인간 안에 존재하며, 따라서 인간의 것이요 인간의 존재의 한 부분이며, 그의 인격에 내재된 본질적인 부분이 되었다고 말할 수 있다.5)

'내재된 의'와 '전가된 의'라는 말의 차이는 종교개혁이라는 태풍의 눈이며, 칭의 교리에서 법정적 칭의 개념이 얼마나 중대한 요점인지를 잘 보여 준다.

로마 가톨릭교회는 '의롭게 하심'을 사람이 실제로 의롭게 되는 과정으로 본다. 물론 그가 자신의 능력으로 의로워진다는 것은 아니다. 그들은 오직 은혜 가운데 그리스도의 의가 주입됨으로써 사람이 의롭게 될 수 있다고 말한다.

로마 가톨릭교회는 아담의 죄가 오직 아담에게만 영향을 미쳤다고 주장하는 펠라기우스(Pelagius)의 이단적인 견해를 강력하게 배격했다. 펠라기우스는 인간의 원죄를 근본적으로 부인하기 때문에, 주입된 의의 도움 없이도 사람이 스스로 하나님 앞에서 의로워질 수 있다고 주장했다. 펠라기우스에게 은혜는 의를 성취하도록 촉진하는 역할을 할 수는 있어도, 의를 성취하는 데 반드시 필요한 조건은 아니었다. 펠라기우스는 카르타고 공의회(Council of Carthage)와 주후 529년에 열린 제2차

---
5) Ibid.

오랑주 공의회(the II Synod of Orange)에서 정죄되었다. 한편 로마 가톨릭교회는 '의롭게 하심'에 중생의 은혜가 필요하다고 보았다. 트렌트 공의회 제6차 회기 3장에서는 이렇게 선언한다.

> 그리스도가 비록 모든 사람들을 위해 죽으셨다고 하더라도, 모든 사람이 그분의 죽음으로 유익을 얻는 것은 아니다. 오직 그분이 당하신 고난의 공로를 수여받는 사람들만이 그 유익을 얻게 된다. 만일 인간이 아담의 후손으로 태어나지 않았다면, 그들은 결코 불의하게 태어나지 않았을 것이다. 이와 마찬가지로, 만일 그들이 그리스도 안에서 다시 태어나지 않는다면, 그들은 결코 의롭게 하심을 받지 못할 것이다. 즉, 아담의 후손으로 태어남으로 인해 불의가 그들의 것이 되듯이, 그리스도 안에서 새로 태어남으로 인해 그리스도의 고난의 공로를 통해 인간을 의롭게 만드는 은혜가 그들에게 주어진다.[6]

트렌트 공의회 제6차 회기 7장에서는 '의롭게 하심'을 법정적인 것으로 보지 않는 견해가 분명하게 나타난다. 이 7장의 제목은 "죄인에 대한 '의롭게 하심'의 구성 요소는 무엇이며, 그 근거는 무엇인가?"이다.

---

6) H. J. Schroeder, *Canons and Decrees of the Council of Trent*(London: Herder Book Co., 1941), pp.30-31.

이러한 성향 또는 준비 과정에는 '의롭게 하심'이 뒤따른다. 이러한 '의롭게 하심'에는 은혜와 은사를 자발적으로 받아들임으로써 죄를 용서받는 것뿐만 아니라 속사람이 갱신되고 성화되어 불의한 자가 의로운 자로 변하는 것까지도 포함된다……의롭게 하심의 유일한 형식적 근거는 하나님의 의로우심을 나타내는 의가 아니라 우리를 의롭게 만드시는 의이다. 즉, 그것은 하나님이 우리에게 부여하시는 의이다. 우리는 마음의 영이 갱신되고, 의롭다고 여겨질 뿐만 아니라 실제로 의로운 자라고 불린다. 우리는 우리 안에서 성령께서 원하시는 모든 사람들에게 각자의 분량대로, 그리고 그 기질과 협력에 따라 친히 나누어 주시는 이 의를 수여받는다.[7]

로마 교회는 은혜를 '의롭게 하심'의 필요조건으로 간주할 뿐만 아니라 믿음도 '의롭게 하심'에 반드시 필요한 것으로 간주한다. 트렌트 공의회는 믿음의 필요성에 대해 이렇게 말한다.

그러나 사도는 인간이 믿음으로 값없이 의롭다함을 받는다고 말한다. 가톨릭교회는 이 말을 만장일치로 동의하며 표명한다. 그러므로 우리는 믿음으로 의롭게 된다고 말한다. 왜냐하면 믿음이 없이는 하나님을 기쁘시게 할 수 없는 바, 믿음이 곧 구원의 시작이

---

[7] Ibid., p.33.

요 모든 '의롭게 하심'의 토대이자 근원이기 때문이다.[8]

여기서 볼 수 있듯이, 로마 가톨릭교회에도 믿음으로 의롭게 된다는 견해가 있다. 따라서 로마 교회를 단지 행위로 의롭게 된다고 가르치는 펠라기우스주의로 여기면서 비난하는 것은 중상모략이다. 다시 말하지만, 로마 교회에도 믿음으로 의롭게 된다는 개념이 있다. 믿음은 '의롭게 하심'의 '시작'이요 '토대'이며 '근원'으로서, 의롭게 하심을 위한 필요조건이며 선행조건이다. 그러나 로마 가톨릭교회에 따르면, 믿음은 의롭게 하심의 도구적 원인(의롭게 하심을 얻기 위한 수단)도 아니고, 충분조건도 아니다. 로마 가톨릭에서 의롭게 하심의 수단은 처음에는 세례이며, 그다음에는 다시금 그것을 확인하는 고해성사이다. 그들에게 믿음이란, 단지 믿음이 없이는 의롭게 하심을 받을 수 없기 때문에 필요한 원인일 뿐이다. 또한 그들에게 믿음은 의롭게 하심의 충분조건도 아니다. 왜냐하면 사람이 믿음을 가지고 있다 하더라도 의롭게 하심을 받지 못할 수 있기 때문이다. 따라서 그들이 비록 믿음으로 의롭게 된다고 말한다 할지라도, 오직 믿음으로 말미암는다는 말은 아니다.

트렌트 공의회는 오직 믿음으로 의롭다하심을 얻는다는 교리와 법정적 의미로서의 칭의 교리를 배격했을 뿐만 아니라 그것을 공공연히 저주했다. 트렌트 공의회 제6차 회기 9항을 살펴보자.

---

[8] Ibid., pp.34-35.

누구든지 죄인이 오직 믿음으로 말미암아 의롭다함을 받는다고 말한다면, 즉 다른 어떤 것도 '의롭게 하심'의 은혜를 얻는 데 협력하지 않으며, 죄인이 자신의 의지에 따라 행동함으로써 준비하고 성향을 갖출 필요가 없다고 말한다면, 그에게 저주가 있을지어다.[9]

이어서 10항에서는 '의롭게 하심'의 법정적 성격을 거부한다.

만일 누구든지 사람이 우리를 위해 쌓으신 그리스도의 공로, 그분의 의가 없이도 의롭다함을 받는다고 말하거나, 그 의를 가리켜 형식적 또는 법적 의라고 말한다면, 그에게 저주가 있을지어다.[10]

법정적 칭의에 대한 개혁주의의 견해는, 그리스도의 의가 전가됨으로써 죄인이 하나님 앞에서 실질적(질료적)으로 의로워지는 것이 아니라 형식적(법적)으로 의롭게 된다는 원리를 근거로 한다.

잘 알려진 대로, 루터는 "시물 유스투스 에트 페카토르(*simul justus et peccator*)"라는 표현을 사용했다. 이는 법정적 칭의의 핵심을 표현한 말이다. 이 라틴어 구절은 "의인이면서 동시에 죄인"이라는 의미를 담고 있다. 즉, 의롭다함을 받은 죄인은 그리스도의 의가 전가됨으로써 법정적으로 의롭다고 여겨지지만 동시에 여전히 그 자신이 죄인으로 남아

---

9) Ibid., p.43.
10) Ibid.

있다는 것이다.

그러나 그가 여전히 죄인으로 남아 있다고 해서 전혀 변화되지 않은 사람이라는 의미는 아니다. 구원 얻는 믿음을 소유한 죄인은 중생한 사람이다. 그에게는 성령이 내주하고 계신다. 다만 그 자신은 여전히 부정한 죄인인 것이다. 또한 루터의 말은 죄인이 실제로 의롭게 되는 성화의 과정에 들어가지 않는다는 의미도 아니다. 구원 얻는 믿음을 소유한 사람은 반드시, 그리고 즉시 순종이라는 믿음의 열매를 맺게 되어 있다. 그러나 그 사람이 칭의를 받는 근거는 오직 전적으로 그에게 전가된 그리스도의 의뿐이다. 죄인은 오직 그리스도의 의로 말미암아 의롭다고 선언될 수 있다.

이러한 법정적 칭의 교리와 전가의 개념은 떼려야 뗄 수 없는 관계에 있다. 종교개혁의 논제는 '주입된 의'와 '전가된 의'를 구분하는 데 초점을 맞추고 있다. 로마 가톨릭교회에서는, 그리스도의 은혜가 주입되고 신자가 이 은혜에 동의하여 이 은혜와 협력할 때(assentire et cooperare) 주입된 의에 의해 신자가 의로워질 수 있다고 주장한다. 트렌트 공의회 16장은 다음과 같이 선언한다.

> 그리스도 예수께서……의롭게 된 사람들에게 계속해서 힘을 주입해 주신다. 그 힘은 항상 선한 행위에 앞서고 동반되며 뒤따른다. 선한 행위 없이는 그 어떤 방법으로도 하나님을 기쁘시게 하거나 하나님 앞에서 공로를 쌓을 수 없다. 그러므로 우리는 의롭게 된

자로서 선한 행위를 함으로써 이 세상에서 요구되는 하나님의 법을 만족시키고, 영생을 얻기 위해 하나님 앞에서 공로를 쌓아야 한다. 이 외에 다른 것을 원해서는 안 된다……그러므로 천성적으로 우리 안에 있는 것에 의해 의롭게 되기 때문에, 또한 그리스도의 공로를 통하여 하나님께서 우리 안에 주입하신 의이기 때문에, 그것이 우리 자신의 의로 일컬어지더라도 우리 자신으로부터 흘러나온 것이 아니며, 하나님의 의를 무시하거나 거부해서도 안 된다.[11]

트렌트 공의회 16장은 다음과 같은 엄숙한 선언으로 끝을 맺는다.

누구든지 가톨릭교회의 이러한 '의롭게 하심'의 교리를 신실하게 수용하지 않고서는 의롭게 될 수 없다. 이 거룩한 공의회에서 이러한 규범을 다루는 것은 매우 유익한 일이다. 이는 모든 사람들로 하여금 무엇을 붙잡고 따라가야 하며 동시에 무엇을 피하고 멀리해야 하는지를 알게 한다.[12]

주입된 의의 개념을 분명히 설명하고, 이러한 교리를 신실하고도 확고하게 받아들이는 것이 의롭게 되기 위한 필요조건이라고 선언한 후에, 트렌트 공의회는 11항에서 다음과 같이 선언한다.

---

11) Ibid., p.40.
12) Ibid., p.41.

만일 누구든지 성령이 그들의 마음에 부어 주심으로써 내재하게 된 은총과 사랑을 배제한 채, 사람이 오직 그리스도의 의를 전가 받고 죄를 용서받아 의롭게 된다고 말한다면, 그리고 우리가 의롭게 되는 것이 오직 하나님의 선한 뜻에 달려 있다고 말한다면, 그에게 저주가 있을지어다.[13]

트렌트 공의회 교령 11항은 마치 산탄총을 쏘는 것과 같다. 산탄총에서 발사된 작은 총알들 중 몇 개는 과녁에 명중하기도 했지만, 다른 총알들은 종교개혁의 원리를 완전히 벗어났다. 종교개혁자들은 은혜의 주입을 부인하지 않는다. 영혼에 은혜가 부어진다. 그러나 문제의 핵심은 우리가 받은 칭의의 근거이다. 종교개혁자들은 신자의 내재된 의나 주입된 그리스도의 의가 아니라 전가된 그리스도의 의를 칭의의 근거로 보았다. 로마 가톨릭교회의 산탄총은 개신교의 전가 교리를 맹렬히 공격한다. 우리가 오직 '하나님의 선한 뜻'으로만 의롭게 되는 것은 아니라고 명시한 트렌트 공의회 교령 11항의 마지막 구절 역시 과녁에서 빗나갔다. 이것은 소시니안(Socinian)의 칭의 교리이다. 이 견해는 로마 교회와 개혁주의 모두와 반대된다.

  칭의에 관한 성경의 가르침과 종교개혁의 정신에서 전가의 개념은 매우 중요하다. 실제로 전가는 법정적 칭의 교리의 핵심이요 본질이다.

---

13) Ibid., p.43.

전가가 없이는 법정적 칭의가 존재할 수 없다.

전가에는 두 가지 측면이 있다. 나는 이것을 소극적 측면과 적극적 측면으로 구분하고자 한다. 우리의 구속은 그리스도의 사역으로 성취된다. 그리스도는 우리를 대신하여 고난을 받고 죽으심으로써 죄인을 향한 하나님의 공의를 만족시키고 속죄를 이루셨다. 그리스도는 우리의 죄로 인한 형벌을 친히 담당하셨다. 그리스도는 하나님의 계명을 지키지 못한 모든 사람들에게 임하는 저주를 친히 담당하셨다. 이것이 그리스도의 대리속죄 사역이다. 그리스도는 자신의 백성들을 '대신하여(휘페르)' 죽으셨다. 그분은 우리의 죄를 대신 짊어지고 가시는 하나님의 어린양이다. 이러한 속죄는 우리의 죄가 법정적으로 그리스도께 전가된 것을 보여 준다. 만일 우리의 죄가 그리스도에게 전가된 것이 아니라 주입되었다면, 그분은 본질적으로 악한 자가 되었을 것이다. 만약 그렇다면, 그분은 우리를 위하여, 또한 자기 자신을 위하여 속죄하는 희생 제물이 되실 수 없었을 것이다.

그러나 그리스도의 속죄의 죽음은 전가의 한 가지 측면, 곧 소극적인 측면에 불과하다. 그리스도의 구원 사역의 적극적인 측면은 그리스도의 완전하고도 능동적인 순종의 삶과 관련된다. 예수님은 우리를 위해 죽으셨을 뿐만 아니라 우리를 위해 사셨다. 그분은 율법을 온전히 성취하셨고, 자신의 의로써 옛 언약에 약속된 복을 가져오는 공로를 이루셨다.

칭의를 통해 그리스도의 완전한 의와 공로가 신자에게 전가된다. 이것이 바로 우리가 받은 칭의의 근거이다. 즉, 우리의 칭의의 근거는 신자의 내재된 의가 아니라 그리스도의 의인 것이다.

로마 가톨릭교회는 이러한 칭의, 곧 법정적 의의 전가 개념이 하나님을 '법정적 허구'를 조장하는 존재로 만든다는 이유로 부정한다. 그것이 하나님의 진실하심과 공의를 허상으로 만든다는 것이다. 즉, 하나님이 본질적으로 의롭지 못한 자를 의로운 자로 간주하신다면, 그분이 허구적인 속임수를 사용하는 분이 되고 만다고 주장한다. 로마 가톨릭교회는 "의인이면서 동시에 죄인"이라는 루터의 말을 도저히 받아들일 수가 없다. 왜냐하면 로마 가톨릭교회에서 사람은 의인이든지 죄인이든지 둘 중 하나이지, 동시에 둘 다일 수는 없기 때문이다. 로마 가톨릭교회에서는 오직 의로운 자만이 하나님께 진실로 의로운 자라고 선언될 수 있다.

아마도 '법정적 허구'라는 비난은 로마 가톨릭교회가 종교개혁과 '오직 믿음으로'라는 원리를 대적하는, 가장 심각하고도 통탄할 만한 고소일 것이다. 그것이야말로 복음을 위태롭게 하는 주장이다. 로마 가톨릭교회는 복음에 대한 종교개혁자들의 이해를 법정적 허구라고 단언했다. 그러나 그것은 성경적 복음을 법정적 허구라고 선언한 것이나 다름없다. 성경적 복음은 전가의 개념과 함께 서기도 하고 넘어지기도 한다. 우리의 죄가 그리스도에게 전가되지 않고서는 절대 속죄가 이루어질 수 없다. 그리스도의 의가 우리에게 전가되지 않고서는 우리에게 주입된 모든 은혜들도 우리의 구원에 아무런 유익이 되지 못할 것이다. 중생의 은혜를 받고 성령의 내주하심과 능력을 받은 그리스도인도 여전히 죄를 짓고, 하나님의 영광에 이르지 못한다. 성례전을 통해 받는 모든 은혜들도 완전하신 하나님의 공의가 요구하는 거룩을 우리에게 주지는 못한다. 하나님의 심판의 보좌 앞에 서기 위해서는, 우리 안에 내재하는 의가 어떠하든, 얼마나 큰 은혜와 수단이 내재하든 상관없이 그보다 훨씬 더 큰 의가 필요하다.

그렇기 때문에 루터와 종교개혁자들은 우리가 우리 '밖에 있는(extra nos)' 의로 의롭다함을 얻는다고 주장한다. 그 의는 우리 '밖에 있는' 또는 '우리의 것이 아닌' 의, 곧 우리에게 전가된 의이다. 그것은 곧 '외부적인 의(justitia alienum),' 즉 우리를 대신하는 다른 존재에 의해 우리에게 주어진 의이다.

따라서 칭의의 법정적 선언은 법정적 허구가 아니다. 칭의의 법정적 선언의 토대가 되는 전가가 허상이 아니기 때문에, 이것은 실재이며 참된 것이다. 실재하시는 그리스도의 실재하는 의가 실제로 전가된다. 그리스도가 우리의 의이다. 그리스도는 우리를 의롭게 하기 위해 단지 자신의 은혜와 권능으로 우리를 돕기만 하시는 분이 아니다. 그분은 그보다 더 큰 일을 행하신다. 그리스도는 하나님의 법정에서 자신의 의를 우리에게 주신다. 우리의 의는 다 해어지고 더러운 누더기와 같다. 그래서 우리는 반드시 우리의 벌거벗은 죄를 가려 주는 그리스도의 의의 옷을 입어야 한다. 하나님이 은혜로 그리스도의 의를 우리의 것으로 인정하고 간주해 주신다는 것, 이것이 바로 복음의 참되고도 복된 소식이다. 이 외의 다른 것들은 모두 하나같이 '다른 복음'이다. 오직 그리스도의 의가 전가됨으로써 얻는 칭의만이 참된 복음이다. 참된 복음은 오직 하나뿐이다. 따라서 이것 외에 '다른 복음'을 설교하거나 가르치는 사람은 하나님의 저주를 받게 된다.

아브라함이 하나님을 믿을 때, 하나님께서는 그것을 그의 의로 '여기고 간주하셨다.' 바울은 로마서 3,4장에서 이 점을 매우 열심히 가르친다. 아브라함은 율법적으로 어떤 선한 행위를 하기도 전에 의롭다 여김을 받았다. 그것은 결코 법정적 허구가 아니다. 그것은 복음의 적용이다. 실로 그것은 그리스도께서 육신으로 태어나시기 전에 그리스도의 의가 아브라함에게로 옮겨진 의의 전가이다. 아브라함에게도 우리와 동일한 것이 요구되었다. 즉, 아브라함도 율법의 행위와는 상관없이 믿음으로 의롭다함을 받았다. 야고보가 지적하는 대로, 아브라함은 계속해서 행함의 열매를 맺음으로써 자신의 구원 얻는 믿음을 증명했다(약 2:21-24 참고). 그러나 하나님께서 아브라함을 의롭다고 선언하신 것은 아브라함이 믿는 순간 일어난 일이다(창 15:6 참고). 바로 그때 아브라함이 의롭다함을 받았다.

개혁주의 신학은 법정적 칭의의 본질을 분명하게 설명하기 위해 칭의에 관한 분석적 견해와 종합적 견해를 구별한다. 로마 가톨릭교회의 '의롭게 하심'의 교리는 분석적 교리이다. 그리고 종교개혁과 성경의 칭의 교리는 종합적 교리이다.

언어 철학에 따르면, 분석적 진술과 종합적 진술은 서로 다르다. 분석적 진술은 기본적으로 동의어를 반복하는 형식을 취한다. 그것은 하나의 명제가 참되다는 것을 그 정의나 분석에 따라 입증하는 방법이다. 주제 또는 주어에 본래부터 포함되지 않은 다른 개념은 절대 서술부에 더해질 수 없다. 예를 들면, "삼각형은 세 개의 변을 가지고 있다" 또는 "총각은 결혼하지 않은 남자이다"라는 진술은 전형적으로 분석적 진술이다. 삼각형은 그 정의상 세 변을 가지고 있으며, 총각은 그 정의상 결혼하지 않은 남자이다. 결혼한 총각이라는 말은 그 정의나 분석의 면에서 볼 때 옳지 않은 진술이다. '총각'이라는 단어를 분석해 보면, 그 단어가 반드시 본질적으로 결혼하지 않은 남자를 가리킨다는 점을 깨닫게 될 것이다.

한편, 종합적 진술은 그 주제 또는 주어에 포함되지 않은 정보를 서술부에 덧붙이는 진술이다. 우리가 "그 총각은 대머리이다"라고 말할 때, 그것은 모든 총각이 일반적(보편적)으로 대머리라는 말이 아니다. 대머리라는 정보는 총각의 본질적 개념에 속하지 않는다. "그 총각은 대머리이다"라는 말에는 '총각'이며 '대머리'라는 정보가 종합되어 있다. 총각이라는 보편적인 개념에 특별한 특징인 대머리라는 정보가 결합되어 있는 것이다. 이것이 주어에 본질적으로 포함되어 있지 않은 내용이 서술부에서 더해지는 경우이다.

로마 가톨릭교회의 '의롭게 하심'의 교리는 분석적이다. 그들의 견해에 따르면, 사람이라는 주체에 의가 본래부터 내재해 있을 때에 하나님이 그를 의롭다고 선언하시기 때문이다. 하나님께서 분석하신 결과 그 주체가 의롭기 때문에 그를 의롭다고 선언하시는 것이다. 물론 그가 의롭게 되는 데는 반드시 주입된 은혜가 필요하지만, 어쨌든 본질적으로 그가 의롭기 때문에 의롭다함을 받는 것이다. 그 사람이 의롭다함을 받는 데는 그 외에 어떤 것을 덧붙일 필요가 없다. 의인을 분석해 보니 이미 의로웠고, 그래서 의롭다고 인정하는 것뿐이다.

이와는 전혀 다르게, 개신교의 칭의 교리는 종합적이다. 하나님은 사람 안에 본래 존재하는 것이 아니라 '더해진 다른 것'을 근거로 의롭다고 선언하신다. '더해진 다른 것'이란 바로 신자에게 전가된 그리스도의 의이다. 여기에서 우리가 받은 칭의가 은혜라는 점이 뚜렷이 드러나며, 하나님은 의로우신 분인 동시에 의롭다 하시는 분으로 나타난다. 벌카우어(G. C. Berkouwer)는 이에 대해 "칭의의 선언적 성격은 은혜와 믿음의 순전한 상호 관계를 끊임없이 기억하게 해 준다"라고 말한다.[14] 벌카우어는 '오직 믿음으로'와 '오직 은혜로'라는 원리가 법정적 칭의 교리 안에 가장 정확하게 표현되어 있다고 주장한다.

알리스터 맥그래스는 1540년에 확립된 개신교의 칭의 교리를 다음과 같은 네 가지 특징으로 정리한다.

① 칭의는 인간이 의롭게 되는 과정이 아니라 그리스도인이 의롭다함을 받는 법정적 선언이다. 그것은 본성의 변화라기보다는 신분의 변화에 관한 것이다.

---

14) G. C. Berkouwer, *Geloof En Rechtvaardigin*(Kampen: Kok, 1949), p.92(Maar in het declaratorisch karakter der rechtvarrdiging ligt de voortdurende herinnering aan de zuiverver correlatie tussen genade en geloof).

② 칭의(하나님이 신자를 의롭다고 선언하시는 외적 행위)와 성화, 중생(성령에 의한 내적 갱신의 과정)은 매우 신중하고도 체계적으로 구별된다.

③ 의롭다 하는 의는 신자에게 본래 내재해 있거나 그 안에 자리 잡고 있거나 어떤 방법으로든 그에게 속한 의가 아니다. 그것은 신자에게 전가된 그리스도의 외적 의이다.

④ 칭의는 그리스도를 믿는 믿음(*per fidem propter Christum*), 곧 하나님이 주신 칭의의 수단으로 이해되는 믿음과 하나님이 주신 칭의의 근거인 그리스도의 공로로 이루어진다.[15]

이러한 맥그래스의 요약에 문제가 없는 것은 아니다. 맥그래스는 법정적 칭의 교리에 대해 설명하는 첫 번째 요점에서 "그것은 본성의 변화라기보다는 신분의 변화에 관한 것이다"라고 말했다. 그가 말하는 '관한 것이다'라는 말이 구체적으로 무슨 의미인지가 중요하다. 엄밀히 말하면, 칭의라는 용어는 하나님의 법정적 선언 행위를 나타내는 말이지, 이러한 선언 행위를 통해 사람이 유익을 얻거나 의롭게 되는 것을 나타내는 말이 아니다. 사실 이 선언으로 신자의 신분이 변하는 것이지 그의 본성이 변하는 것은 아니다. 그러나 존 거스너(John H. Gerstner)가 통렬하게 지적하듯이, 이 선언은 그들의 본성이 변화되지 않은 사람에 관한 선언이나 그러한 사람들을 향한 선언이 아니다. 하나님은 절대로 본

---

15) Alister E. McGrath, *Justification by Faith*(Grand Rapids: Zondervan, 1988), p.61.

성이 변하지 않은 사람에 대해 그들의 신분이 변했다고 선언하시지 않는다.

엄밀한 의미에서 고찰해 볼 때, 칭의가 인간의 본성의 변화 자체를 의미하지 않을 수도 있지만, 그것은 확실히 본성의 변화와 관련된다. 아마도 맥그래스가 단순히 글을 쓰면서 실수한 것일지도 모른다.

또한 그는 칭의 교리의 두 번째 특징을 요약하면서 '칭의와 성화 또는 중생을 매우 신중하고도 체계적으로 구별해야 한다'고 말한다. 물론 칭의와 성화, 또는 중생을 구별하는 것은 합당한 일이다. 그러나 절대 그것을 분리해서는 안 된다. 그것들은 서로 밀접하게 연결되어 있다. 만일 실제로 그것들이 서로 관련되어 있지 않다면, 결코 칭의가 이루어질 수 없을 것이다. 믿음은 칭의가 아니며 동시에 칭의도 믿음이 아니지만, 믿음은 칭의를 얻는 수단으로서 칭의와 밀접하게 관련되어 있다. 원인과 결과는 서로 구별되지만, 인과관계로 연결되어 있는 법이다.

이런 점에서, 우리는 반드시 칭의의 복합성 또는 관계성을 언급해야만 한다. 엄격하고 좁은 의미로 보면, 칭의는 하나님의 법정적 선언이다. 그러나 좀 더 넓은 의미로 보면, 칭의는 복합성을 띠며, 다른 요소들과 관련되어 있다. 하나님이 변화되지 않은 채 죄인으로 남아 있는 자들을 의롭다 하신다고 추정하는 율법 폐기론(도덕률 폐기론)의 오류에 빠지지 않기 위해서라도 이 사실을 반드시 언급해야 한다. 의롭다하심을 받는 모든 사람들은 믿음을 가지고 있다. 믿음은 칭의를 위해 반드시 필요한 조건이다. 그리고 믿음을 가진 모든 사람들은 중생한 사람이다. 개혁주의 신학은 중생을 믿음의 필요조건으로 간주한다. 따라서 중생한 모든 사람들은 본성이 변화된 사람들이다.

그런데 중생이나, 중생의 결과 나타나는 우리의 믿음에 의해 이루어지는 본성의 변화는 우리가 받은 칭의의 근거가 아니다. 칭의의 근거는 오로지 예수 그리스도의 의의 전가뿐이다. 그 의는 믿지 않는 사람이나 중생하지 않은 사람에게는 절대 전가되지 않는다. 중생하지 못한 상태에서 중생한 상태로 변할 때, 사람의 본성에는 매우 중대한 변화가 일어난다. 불신앙에서 신앙으로 변하는 것은 신자 안에서 일어난 중대한 변화의 결과이다.

거스너는 이 점에 대해 다음과 같이 말한다.

> 개신교의 역사적인 칭의 교리에 대해 로마 교황주의자들만큼이나 오해한 개신교도들이 있었던 것처럼, 그것을 올바로 이해한 로마 교황주의자들도 있었다. 마이클 루트(Michael Root)는 『알리스터 맥그래스의 십자가와 칭의』(Alistair McGrath on Cross and Justification, 1990, pp.705ff.)라는 책에서 "내가 알고 있는 모든 개혁주의 신학자들에 따르면, 의롭다 하시는 그리스도의 의를 믿을 때 신자 안에서 변화가 일어난다"라고 진술한다. 이와 대조적으로, 알리스터 맥그래스가 칭의 교리에 대해 연구하여 저술한 두 권으로 된 그의 책을 보면, 그는 개신교도들이 칭의를 신자 안에서 아무런 '실제적 변화'도 낳지 않는, 매우 '엄밀한' 법정적 선언으로만 이해한

다고 말한다.16)

이에 앞서 거스너는, "칭의는 사람의 상태가 아니라 사람의 신분을 나타낸다"라는 케네스 포맨(Kenneth Foreman)의 말을 비슷하게 인용하면서, "사실 칭의는 인간의 상태를 나타내는 말은 아니다. 그렇다고 해서 그것을 배제하지도 않는다"라고 말했다.17)

아마도 '엄밀히'와 '단지'라는 단어의 차이에 주목해야 할 듯하다. 맥그래스가 칭의를 '엄밀한' (의의) 법정적 선언으로 이해할 때, 그것이 '단지' 죄인 안에서 실제적이고도 중대한 변화가 전혀 일어나지 않는다는 의미라고 이해한 것이 아니라면, 맥그래스의 표현을 옳다고 인정할 수 있을 것이다.

칭의에 대해 철저하게 분석하고 고찰한 후에 맥그래스는 다음과 같이 결론 내린다.

> 위에서 분석한 내용을 근거로 하면, 칭의 교리에 관하여 개신교와 로마 가톨릭의 견해가 참으로 다르다는 것이 분명해진다. 그러나 문제는, 과연 이 차이점이 얼마나 중요한 것이냐 하는 것이다. 이를테면, 의롭다 하시는 의가 외부적인 의라는 것과 그것이 내재적인 의라는 두 견해의 차이가 과연 얼마나 중요한 것인가? 최근 들

---

16) John H. Gerstner, "Aquinas Was a Protestant," Tabletalk, Vol.18, No.5, 1994, p.52.
17) Ibid., pp.14-15.

어, 종교개혁 시대에 중요하게 여겨졌던 그 차이점들이 지금은 그 때만큼 중요하지 않게 되었다는 견해가 점점 공감을 얻고 있다. 물론 이것이 기독교 교파들이 칭의 교리에 대해 합의했다는 의미는 아니다. 각 교파들은 여전히 각기 다른 '느낌' 또는 '분위기'로 칭의 교리에 대해 가르치고 있다. 다만 현대의 기독교 교파들은 역사적으로 일치하지 않았던 것에 관심을 기울이기보다는 서로 일치하는 내용에 더 집중하려는 것 같다!

아마도 이것은 오늘날 은혜의 복음을 진정으로 위협하는 것이 기독교의 다른 교파가 아니라 18세기에 일어난 계몽 운동에서 비롯된 합리주의라는 것을 점점 인식하게 되었기 때문일 것이다.[18]

이 진술은 맥그래스를 선지자의 반열에 올려놓았다. 맥그래스가 그렇게 말한 이후, 1994년에 『복음주의와 가톨릭의 연합: 삼천 년 시대의 선교』(Evangelicals and Catholics Together: The Christian Mission in the Third Millennium)라는 문서가 출현했다. 이 문서는 찰스 콜슨(Charles Colson)과 리차드 존 노이하우스(Richard John Neuhaus)의 지도 아래 몇몇 복음주의자들과 로마 가톨릭주의자들이 정교하게 작성한 것으로서, 법정적 칭의 교리에 대한 논쟁의 중요성을 묻는 맥그래스에게 명백하게 대답하고 있다.

콜슨과 노이하우스가 중심이 되어 만든 이 문서에서는 후기 계몽 운

---

18) McGrath, *Justification by Faith*, p.71.

동의 영향을 받은 사상이 복음을 위협하고 있다는 사실이 분명하게 나타난다. 그들은 칭의 교리에 대해 하나의 교리를 선언하는 공동의 진술을 제출했다.

> 우리는 그리스도로 인하여 믿음으로 말미암아 은혜로 의롭게 된다는 것을 확언한다……그리스도를 주님과 구세주로 받아들이는 모든 사람들은 그리스도 안에서 한형제요 자매이다. 따라서 복음주의자들과 로마 가톨릭주의자들은 그리스도 안에서 한형제요 자매이다.[19]

칭의 교리에 대한 이 공동의 진술에는 이신칭의나 그리스도의 의의 전가, 법정적 칭의가 전혀 언급되어 있지 않다. 이 문서에는 몇 가지 계속되는 쟁점들이 열거되어 있지만, 앞서 언급한 바 칭의 교리에 관한 중대한 요점들은 하나도 찾아볼 수 없다. 그저 이 문서에서 언급된 몇 가지 쟁점들이 전부는 아니며 언급되지 않은 쟁점들도 있다고 덧붙여 말할 뿐이다. 특히 기독교 역사상 가장 중요하고도 격렬한 신학적 논쟁을 불러일으켰던 문제들에 관해서는 아예 언급하지도 않았다. 이는 그런 문제들이 그다지 중요하지 않다는 인상을 심어 주기에 충분했다.

이 문서가 공표되었을 때, 나는 이 문서가 "종교개혁을 하찮게 만들었다"라고 말했다. 한 간행물에서 이러한 나의 말을 인용하기도 했다.

---

[19] *The Institute on Religious and Public Life*(New York, n.d.), p.5.

종교개혁을 일으킨 이 역사적 문제에 대해서는 전혀 언급하지 않은 채, 지난 450년 동안 양측을 극명하게 나누었던 교리에 대해 합의하여 하나 된 확증을 진술하는 것은, 적어도 나에게는 매우 충격적이고 비합리적이며 터무니없는 일이 아닐 수 없었다.

맥그래스는 "과연 의롭다 하시는 의가 외재적인 의라는 것과 내재적인 의라는 것의 차이는 얼마나 중대한 것인가?"라고 질문한다. 그러나 나는 이렇게 묻고 싶다. "과연 복음은 얼마나 중대한 것인가?" 만일 주입된 의와 전가된 의, 법정적 의와 비법정적 의, 그리고 '오직 믿음으로'와 '더하기 믿음' 사이의 논쟁이 복음의 본질과 정수에 관한 논쟁이 아니라면, 나 역시 그 차이가 전혀 중요하지 않다고 단언할 것이다. 그러나 이 모든 논쟁이 복음의 본질적 요소에 관한 것이라면, 그 차이는 무궁한 중요성을 지닐 것이다.

후기 계몽 운동의 영향이 명백하고도 확실하게 복음을 위협하는 것은 사실이다. 그렇다고 해서 복음을 향한 다른 종류의 위협들이 모두 사라진 것은 아니다. 루터는 로마 가톨릭교회의 교리들이 복음을 치명적으로 위협한다고 확신했다. 루터는 역사적으로 특별한 시기나 특정한 문화에 반대하고 항거한 것이 아니다. 그는 현재까지도 로마 교회에 여전히 남아 있는 왜곡에 대항했다. 즉, 특정한 세부 사항이 아니라 총체적으로 복음을 왜곡하는 로마 교회에 반대한 것이다. 로마 교회는 법정적 칭의 교리를 총체적으로 반대한다. 바티칸(Vatican)에서 법정적 칭의 교리는 여전히 파문과 저주를 선고받을 정도의 중죄로 취급된다. 그들은 '법정적 칭의'를 복음을 근본적으로 부인하는 것이요 저주를 받아 마땅한 것으로 여긴다. 반면 역사적 복음주의는 '법정적 칭의를 부인하는 것'을 복음을 근본적으로 부인하는 것이요 저주를 받아 마땅한 것으로 여긴다.

로마 가톨릭교회와 개신교회가 연합하여 복음에 대해 분명히 확증하고 선언했다면, 그것은 실로 놀라운 일이 되었을 것이다. 그러나 그런 일은 일어나지 않았다. 로마 가톨릭교회와 개신교회는 서로 절충하고 타협할 수 없는 상황에 놓여 있다. 우리의 칭의는 전적으로 오직 믿음으로 우리에게 전가된 예수 그리스도의 의를 근거로 한다. 그렇지 않다면 그것은 칭의가 아니다. 이 점에 관하여는 그 어떤 타협도 있을 수 없다. 그것에 대해 타협하는 것은 그리스도를 배반하고 복음을 위태롭게 만드는 행위이다. 이 점에 관한 한 협상하거나 타협할 여지가 조금도 없다.

존 리차드 노이하우스는 콜슨-노이하우스 문서에 반대하는 개신교도들을 가리켜 '사소한 일을 문제 삼는 사람들'이라고 일컬으면서 불쾌감을 표현하였다. 그러나 법정적 칭의 교리는 결코 시시하거나 사소한 문제가 아니다. 우리는 참로 사람들이 이것을 알기를 바란다. 그것은 교회가 서기도 하고 넘어지기도 하는, 매우 본질적인 신앙 조항이다.

The Relation of Faith to Justification

3

오직 믿음으로 말미암는 칭의
믿음과 칭의의 관계

_조엘 비키(Joel R. Beeke)

"오직 믿음으로 의롭다함을 얻는다"는 것은 마틴 루터의 위대한 영적, 신학적 발견이었다. 그러나 그가 이것을 결코 쉽게 발견한 것은 아니었다. 루터는 구원의 확신을 얻기 위해 딱딱한 마룻바닥에서 잠을 자고 금식하는 일에서부터 무릎을 꿇고 기도하며 로마의 계단을 오르내리는 일에 이르기까지 온갖 것을 시도했다. 그러나 수도원 생활과 고행, 참회 기도와 미사 참석, 금욕과 선행 등 모든 행위들이 하나같이 소용이 없었다. 그는 하나님과의 화평을 누릴 수 없었다. 하나님의 의에 대한 생각과 두려움이 언제나 그를 따라다녔다. 하나님의 '의'라는 단어가 자신을 옥죄고 정죄하는 신적 명령으로 여겨져 몹시 싫었다.

그러다가 "복음에는 하나님의 의가 나타나서 믿음으로 믿음에 이르게 하나니 기록된 바 오직 의인은 믿음으로 말미암아 살리라 함과 같으니라"(롬 1:17)라는 말씀을 묵상할 때, 드디어 그에게 빛이 비췄다. 루터는 태어나서 처음으로 여기서 바울이 말하는 의가 죄인을 정죄하는 형벌적인 의가 아니라 하나님이 예수 그리스도의 공로를 근거로 죄인에게 조건 없이 베풀어 주시는 '하나님의 완전한 의'라는 사실을 깨달았다. 그리고 죄인이 오직 믿음으로 그것을 받아들인다는 사실을 깨달았다. 루터는 '오직 그리스도(solus Christus)'로 인하여 '오직 믿음(per solam fidem)'을 통해 '오직 은혜(sola gratia)'로 의롭다함을 얻는다는 교리야말로 복음의 심장이며 "낙원으로 들어가는 열린 문이요 천국으로 가는 통로"임을 깨달았다.

루터에게 "오직 믿음으로 의롭다함을 얻는다"라는 말씀은 굳게 잠겨 있는 성경의 문을 활짝 열어 주는 열쇠와도 같았다.[1] 루터는 성경과 성령의 빛을 통해 이 네 단어들의 관계를 이해하게 되었다.

이 책의 다른 장들에서는 루터가 다시금 발견한 이 네 단어들 가운데 '칭의, 믿음, 오직'이라는 세 단어들을 다룬다. 그래서 나는 '-으로(by)'라는 단어를 설명하고자 한다. 이 일은 언뜻 보기에 아주 기초적이고 쉬운 것처럼 보인다. 그러나 단순해 보이는 이 현혹적인 전치사에 로마 교황주의자와 개신교 신자가 벌인 논쟁의 핵심이 있다. 따라서 이것은 매우 중요한 전치사이다.

---

[1] D. Martin Luthers Werke(hereafter: WA), ed. J. C. F. Knaake, et al.(Weimar: Herman Bohlaus, 1883ff.), 40 I, 33, 7-9. 칭의에 대한 루터의 신학의 발전에 대해서는 다음을 참고하라. Johann Heinz, *Justification and Merit: Luther vs. Catholicism*(Berrien Springs, Michigan: Andrews University Press, 1981), pp.45-81.; Alister E. McGrath, *Iustitia Dei: A History of the Christian Doctrine of Justification*(Cambridge: Cambridge University Press, 1986), 2:3ff.

자, 그렇다면 믿음과 칭의의 관계를 강조하는 이 전치사에 대해 몇 가지 적절한 질문을 던지고 그에 대해 대답해 보겠다. 나는 '-으로'라는 전치사를 다음과 같은 측면에서 고찰하고자 한다. 첫째, 이 전치사의 주해적, 어원적 의미를 연구하면서 더불어 믿음으로 말미암는 칭의에 대한 성경적인 가르침을 고찰하고자 한다. 둘째, 신학적 측면에서 믿음이 칭의를 얻는 '조건'이 될 수 있는지를 고찰하고자 한다. 셋째, 경험적인 측면에서 죄인이 어떻게 믿음으로 그리스도를 영접할 수 있는지를 살펴보고자 한다. 넷째, 변증학적 측면에서 로마 가톨릭에 맞서 오직 믿음'으로' 의롭다함을 받는다는 개신교의 칭의 교리를 변론하고, 마지막으로 알미니안주의와 율법 폐기론에 대항하는 개신교의 칭의 교리를 다루고자 한다.

> **고찰 1**
> 성경의 어디에서 믿음으로 말미암는 칭의 교리를 가르치는가?
> 또 '-으로'라는 전치사에는 실제로 어떤 의미가 함축되어 있는가?

구약성경은 칭의가 '믿음으로 말미암는다'는 것을 확실히 증언한다. 창세기 15장 6절은 아브라함의 믿음에 대해 "아브람이 여호와를 믿으니 여호와께서 이를 그의 의로 여기시고"라고 말한다. 로마 가톨릭교회는 전통적으로 이 구절을 근거로 '은혜를 받음으로써 나타나는 행위로 칭의를 얻는다'는 자신들의 교리를 펼치고자 했다. 그러나 이 말씀에는 행위나 공로라는 말이 전혀 언급되어 있지 않다. 오히려 여기서는 하나님께서 아무 조건 없이 의를 수여하셨다고 말한다. 로마서 4장과 갈라디아서 3장 6-14절에서, 바울은 창세기 15장 6절에 나타난 전가(간주)된 의를 "믿음으로 또는 믿음을 통하여" 이루어지는 것으로 이해해야 한다고 확증한다. 또한 창세기 15장 6절에서 사용된 히브리어 동사가 로마서 4장 3절에서 "여겨진 바 되었다"는 의미로 사용되었다(갈라디아서 3장 6절에는 의로 "정하셨다"라고 기록한다). 이 동사는 "사람이 그런 존재도 아니고 그것을 소유하지도 않았는데 그가 그런 존재로 간주되고 그것을 소유했다고 여겨진다"는 의미를 가지고 있다.[2] 그렇다면 아브라함이 그의 믿음으로 의롭다함을 받았을 때, "그에게 의로 여겨진(정해진)" 의는 아브라함 자신의 것이 아니라 다른 존재의 의, 즉 그리스도의 의인 것이 분명하다(갈 3:16 참고).

그러나 이에 대해 반론이 있다. 로마서 4장 5,9,22절에서 사용된 헬라어 전치사 '에이스(*eis*)'를 영어 전치사 'for'로 번역하기 때문이다.

"그의(아브라함의) 믿음을 의'로(for)' 여기시나니……그 믿음이 의'로' 여겨졌다 하노라……그러므로 그것이 그에게 의'로' 여겨졌느니라."

즉, 믿는 행위가 신자에게 의가 된 것이 아닌가? 그러나 이 구절들을 보면, 헬라어 전치사 에이스는 '-을 대신하여'라는 의미로 사용된 것이 아니다. 그것은 '-에 관하여' 또는 '-을 하기 위하여'라는 의미로 사용

---

2) William Hendriksen, *Romans*(Grand Rapids: Baker, 1982), p.147.

되었다. 또한 '에이스'를 '-을 향하여' '-에(까지)'라는 의미로 번역할 수도 있다. 로마서 10장 10절을 보면 그 의미가 매우 분명해진다.

"사람이 마음으로 믿어 의에(*eis*, unto) 이르고."

즉, 믿음은 그리스도께로 향하고 그리스도를 붙잡게 한다.[3] 패커는 이 점을 훌륭하게 묘사한다.

> 바울은 아브라함의 믿음이 그의 의로 여겨졌다는 점을 가르치면서 창세기 15장 6절을 인용한다(롬 4:5,9,22 참고). 여기서 바울은 믿음(하나님의 은혜로운 언약을 전심으로 확고히 신뢰하고 의지하는 행위; 롬 4:18 이하 참고)이 그에게 의가 전가되는 원인이요 수단이라는 것을 우리에게 가르쳐 주고자 하였다. 여기에는 믿음이 칭의의 근거라는 암시가 전혀 없다.[4]

데오도르 베자(Theodore Beza) 역시 로마서 4장을 주해하면서 다음과 같이 말한다.

---

[3] Arthur W. Pink, *The Doctrines of Election and Justification*(Grand Rapids: Baker, 1974), p.234. 헬라어 전치사를 사용하시는 성령의 깊은 세밀함에 주목하면서 핑크는 다음과 같이 덧붙인다. "우리는 성령께서 절대로 '*eis*'를 그리스도의 대속과 희생제사의 경우와 같이 '우리를 대신하여'라는 의미로 사용하시지 않았음을 발견하게 된다. 그리스도의 대속과 희생에는 오직 '우리를 대신하여'를 의미하는 '엔티(*anti*)' 또는 '휘페르(*huper*)'라는 전치사가 사용된다. 한편 엔티와 휘페르는 절대로 우리의 믿음과 관련하여 사용되지 않는다. 왜냐하면 하나님께서 믿음을 완전한 순종을 대신하는 것으로 받아 주시는 것이 아니기 때문이다. 따라서 믿음은 우리를 받아 주시는 근거가 되든지, 아니면 그리스도의 의를 바라보게 하는 수단이나 도구가 되든지, 둘 중에 하나여야만 한다. 믿음은 우리의 칭의와 관련하여 이 두 가지 모두가 될 수 없다(Ibid., p.235).

[4] "Justification," *Evangelical Dictionary of Theology*, ed. Walter A. Elwell(Grand Rapids: Baker, 1984), p.596.

아브라함은 자신에게 약속된 그리스도를 믿기 이전이나 이후에 어떤 행위로 의롭다함을 받은 것도 아니며, 행위로 믿음의 조상이 된 것도 아니다. 그는 단지 그리스도를 믿는 믿음으로, 또는 그에게 전가된 그리스도의 의와 공로로 말미암아 의롭다함을 받았다. 그러므로 아브라함의 모든 후손도 그리스도를 믿기 이전이나 이후의 행위로 의롭다함을 얻거나 아브라함의 후손이 되는 것이 아니다. 그들도 동일하게 오직 그리스도를 믿는 믿음으로만 의롭다함을 얻는다.[5]

오직 믿음으로 의롭다함을 받는다는 칭의 교리를 지지하는 두 번째 주요한 구약성경 구절로는, "의인은 그의 믿음으로 말미암아 살리라"(합 2:4)라는 말씀을 꼽을 수 있다. 어떤 학자들은 이 구절을 "의인은 믿음으로 말미암아 살리라"라고 읽기도 한다. 바울은 이 구절을 로마서 1장 17절과 갈라디아서 3장 11절, 그리고 히브리서 10장 38절에서 인용한다. 그는, 율법이 우리에게 바라보라고 가르치는(롬 3:21,22, 10:4 참고) 그리스도의 복음을 믿음으로 말미암아 우리의 것으로 간주되는 그리스도의 의 안에서 이 구절이 궁극적으로 성취되었다고 매우 분명히 말한다. 하박국 2장 4절에 대한 바울의 설명은 마틴 루터에게 영감을 주었으며, 자신의 의가 아니라 오직 "여호와 우리의 공의"(렘 23:6)가 되

---

[5] Wm. S. Plumer, *The Grace of Christ, or Sinners Saved by Unmerited Kindness*(1853; repr. Keyser, West Virginia: Odom, n.d.), p.244.

시는 예수 그리스도를 믿는 수많은 신자들을 각성시켰다.

신약성경은 오직 믿음으로 말미암는 칭의 교리를 더욱 풍성하게 설명한다.

"곧 예수 그리스도를 믿음으로 말미암아 모든 믿는 자에게 미치는 하나님의 의니 차별이 없느니라"(롬 3:22).

"할례자도 믿음으로 말미암아 또한 무할례자도 믿음으로 말미암아 의롭다 하실 하나님은 한 분이시니라"(롬 3:30).

"옳도다. 그들은 믿지 아니하므로 꺾이고 너는 믿으므로 섰느니라. 높은 마음을 품지 말고 도리어 두려워하라"(롬 11:20).

"이같이 율법이 우리를 그리스도께로 인도하는 초등 교사가 되어 우리로 하여금 믿음으로 말미암아 의롭다함을 얻게 하려 함이라"(갈 3:24).

이처럼 성경이 오직 믿음으로 말미암는 칭의 교리를 분명히 증언한다면, 칭의와 믿음은 정확히 어떤 관계에 있을까? 도대체 믿음이 어떻게 신자를 의롭다 하는 것일까? 그 해답은 바로 '-으로'라는 전치사에 있다.

존 그레샴 메이첸(John J. Gresham Machen)은 "신약성경을 올바로 이해하기 위해서는 일반적인 전치사들을 정확히 아는 것이 가장 중요하다"라고 말하였다.[6] 신약성경 기자들은 칭의의 개념을 올바로 전달하기 위해 일반적으로 '피스테이(*pistei*), 에크 피스테오스(*ek pisteos*), 디아 피스테오스(*dia pisteos*)'라는 세 가지 표현을 사용했다. 그리스도인

---

6) *New Testament Greek for Beginners*(New York: MacMillan, 1923), par. 88.

은 "믿음으로(*pistei* 또는 *ek pisteos*)" 또는 "믿음을 통하여(*dia pisteos*)" 의롭다함을 받는다. 예를 들면, 로마서 3장 28절에서는 '피스테이(*pistei*, 믿음이라는 명사 피스티스[*pisitis*]의 여격)'가 사용되었다.

"그러므로 사람이 의롭다하심을 얻는 것은 율법의 행위에 있지 않고 '믿음으로' 되는 줄 우리가 인정하노라."

로마서 5장 1절에서는 '에크 피스테오스(*ek pisteos*)'가 사용되었다.

"그러므로 우리가 '믿음으로' 의롭다하심을 받았으니 우리 주 예수 그리스도로 말미암아 하나님과 화평을 누리자."

'디아 피스테오스(*dia pisteos*)'는 에베소서 2장 8절에서 사용되었다.

"너희는 그 은혜에 의하여 '믿음으로 말미암아' 구원을 받았으니 이것은 너희에게서 난 것이 아니요 하나님의 선물이라."

위에 언급한 세 가지 표현은 그 자체로 각각 특별한 강조점과 중요성을 지니고 있다. 믿음이라는 단어의 단순 여격인 '피스테이'는 우리에게 믿음의 필요성과 중요성을 상기시켜 준다. 전치사 '디아(*dia*, -을 통하여, -을 방편으로)'는 칭의의 도구(수단)로서의 믿음을 묘사한다. 즉, 믿음이 도구가 되어 그리스도의 의가 수여되고 죄인의 것으로 간주되어 의롭다하심을 받는다는 뜻이다. 한편 전치사 '에크(*ek*, -로부터, -에서부터, -로 말미암아)'는 믿음이 칭의의 효과적이고도 궁극적인 원인은 아니더라도 칭의의 원인으로서의 역할을 한다는 것을 드러낸다.[7]

---

7) 어떤 성경 구절에서는 한 문장에 '에크 피스테오스'와 '디아 피스테오스'를 함께 사용하기도 한다(롬 3:30 참고). 영어 성경을 읽을 때는 번역자들이 이런 구절들을 번역하는 과정에 이러한 구별을 항상 주의 깊게 관찰하거나 반영하지 않았다는 사실을 유념해야 한다.

이러한 헬라어들의 용법을 보거나 성경 어느 곳을 보더라도 믿음(또는 다른 은사)을 칭의의 공로가 되는 어떤 근거로 제시하는 경우가 없다는 데 주목해야 한다. 이것은 매우 중요하다. 또한 목적격으로 사용되는 '디아(dia)'가 '-을 근거로' 또는 '-때문에'라는 의미를 가진다는 것을 고려하면 더욱 놀랄 만한 일이다. 그렇게 보면, 헬라어 '디아 텐 피스틴(dia ten pistin)'은 '믿음을 근거로' 또는 '믿음 때문에'라는 개념을 가지게 된다. 결국 믿음이 신자가 하나님을 받아들이는 데 일종의 공로적인 원인이 되어 버리는 것이다. 그러나 성경을 기록하도록 감동하신 성령은 얼마나 엄밀하신지, 신약성경을 기록할 때 이러한 전치사구를 사용하는 실수에 빠지지 않게 하셨다. 모든 경우 믿음은 언제나 칭의의 수단(means)으로 제시될 뿐이다. 오직 믿음으로 말미암는 칭의는 절대 '믿음 때문에(propter fidem, 믿음으로 인하여)' 주어지는 것이 아니다. 그것은 언제나 '그리스도 때문에, 그리스도로 인하여(propter Christum)' 주어진다. 즉, 하나님의 어린양의 대속적인 보혈이 자격 없는 죄인에게 은혜로 부어지고 전가되었기 때문에 의롭다함을 받는 것이다(갈 3:6; 약 2:23 참고). 궁극적으로 칭의의 근거는 오직 그리스도와 그리스도의 의뿐이다.[8]

종교개혁자들은 전통적으로 성경적인 칭의와 믿음의 관계를 설명하기 위해 다양한 신학적 용어와 표현을 사용했다. 예를 들면, 『벨직 신앙

---

[8] 다음을 참고하라. G. Abbott-Smith, *A Manual Greek Lexicon of the New Testament*, 3rd ed.(Edinburgh: T.&T. Clark, 1937), pp.105,492.

고백서』(1561년) 22항과 『웨스트민스터 신앙고백서』(1647년) 11장 2항은 믿음을 "단 하나의 도구"이며 "칭의의 유일한 도구"라고 일컫는다.[9] 믿음은 칭의의 동인(효과적인 원인)이 아니라 칭의의 수단(방편 또는 방법)이다. 믿음은 신자가 칭의를 얻는 유일한 방편이다. 이것은 '도구(instrument)'라는 단어가 암시하는 것과 같은 기계적인 의미에서의 방편이 아니다. 오히려 믿음은 그 자체로 말씀을 통하여 죄인으로 하여금 삼위일체 하나님과 살아 있는 인격적인 관계를 맺도록 역사하시는 성령 하나님의 구원 사역이다.

『하이델베르크 요리문답』(1563년) 61문은, 믿음이 그리스도의 의를 우리의 것이 되게 하며, 그 믿음 외에는 의롭다하심을 받는 '다른 길이 없다(nicht anders)'고 진술한다. 믿음 안에 어떤 특별한 덕목이 있어서 하나님께서 믿음을 칭의의 수단으로 지정하신 것이 아니다. 믿음 그 자체가 아무런 공로나 덕이 없는 빈손이기 때문에 믿음을 칭의의 수단으로 지정하신 것이다.

"그러므로 상속자가 되는 그것이 은혜에 속하기 위하여 믿음으로 되나니 이는 그 약속을 그 모든 후손에게 굳게 하려 하심이라"(롬 4:16).

존 칼빈은 믿음을 비어 있는 질그릇에 비유한다. "우리는 믿음을 일종의 그릇에 비유한다. 우리가 비어 있어서 영혼의 입을 열어 그리스도의 은혜를 사모하지 않는다면, 우리는 결코 그리스도를 받아들일 수 없다."[10]

---

9) 『웨스트민스터 대요리문답』 73문을 참고하라.
10) *Institutes of the Christian Religion*, ed. J. T. McNeill, trans. Ford Lewis Battles(Philadelphia: Westminster Press, 1960), 3.11.7.

질그릇은 그 안에 담긴 보배와 족히 비교할 수 없다(고후 4:7 참고).

청교도 목사인 토마스 굿윈(Thomas Goodwin)은 이를 강하고도 생생하게 표현한다. "믿음은 눈이요 손이며 발이다. 그렇다. 믿음은 입이요 위(stomach)요 모든 것이다."[11] 또한 19세기의 유명한 라일(J. C. Ryle)도 다음과 같이 말한다. "구원하는 믿음은 영혼의 손이요……눈이요……입이요……발과 같다."[12] 그러나 믿음은 떡을 받아먹는 입이 아니라 오직 살아 계신 생명의 떡으로 산다(요 6:35-58 참고). 죄인이 의롭다하심을 얻는 것도 그리스도의 희생제사에 참여하거나 희생 제물을 믿음으로 받아들이는 행위로 말미암는 것이 아니다. 죄인은 오직 그리스도의 희생제사로 의롭다하심을 얻는다.

> **고찰 2**
> 교회사 속에서 믿음은 종종 "칭의의 조건"으로 일컬어진다.
> 이것이 과연 정확한 표현인가?

"믿음으로 말미암아"라는 단어의 헬라어 원어의 의미를 고려하면, 믿음을 칭의와 구원의 '조건'이라고 하는 것보다는 '수단(도구)'이라고 하는 편이 훨씬 더 정확하다. 왜냐하면 조건이란 종종 어떤 유익을 얻

---

11) *The Works of Thomas Goodwin*, ed. John C. Miller(Edinburgh: James Nichol, 1864), 8:147.
12) *Home Truths, Second Series*(repr. Keyser, West Virginia, n.d.), p.102.

기 위한 공로나 자격을 의미하기 때문이다. 우리는 단순히 믿음으로 의롭다함을 받는 것이 아니라 그리스도를 믿는 믿음으로 의롭다함을 받는다. 말하자면, 믿음 자체 때문이 아니라 믿음이 붙잡는 것, 그리고 믿음이 받아들이는 대상 때문에 의롭다함을 받는 것이다. 믿음 때문이 아니라 믿음으로, 즉 믿음으로 말미암아 의롭다함을 받는다. 칭의를 적용하는 일에서 믿음은 건축자가 아니라 관람자이다. 믿음은 어떤 것을 주거나 성취하는 것이 아니라 그저 모든 것을 받아들일 뿐이다. 그러므로 믿음은 칭의의 근거도 아니고, 본질이나 실체도 아니다. 믿음은 복음 안에서 우리에게 수여되는 하나님의 선물을 받아들이는 그릇이요 손이며 도구일 뿐이다.

헤르만 카이퍼(Herman Kyuper)는 이렇게 말한다. "힘이 없는 거지는 빵 조각을 얻기 위해 그저 자신의 손을 뻗어 자신에게 주어지는 선물을 받을 뿐이다. 마찬가지로 신자도 칭의에 무언가를 공헌했다고 말하거나 주장할 수 없다. 그들은 단지 복음 안에서 그들에게 은혜로 제공된 그리스도의 의를 받아들일 뿐이다."[13]

이처럼 칭의에 관하여 서로 다른 두 견해는 단지 어의나 의미론의 논쟁이 아니다. 믿음을 죄인이 구원받기 위하여 반드시 자신의 의지로 행해야 할 선행조건으로 생각하는 것은 매우 위험하다. 그렇게 하면 실제로 인간이 자기 자신의 구세주가 되고 만다. 더욱 나쁜 것은, 모든 것이 죄인이 가진 믿음의 순수성과 힘과 완전함에 달려 있다는 것이다. 성경

---

13) *By Grace Alone: A Study in Soteriology*(Grand Rapids: Eerdmans, 1955), p.109.

은 그러한 경우에 도리어 믿음 자체가 매우 위험해진다고 가르친다.

믿음이란 과연 인간의 공로인가, 아니면 하나님의 선물인가? 이 질문에 대해 사도 바울은 매우 명백하게 대답한다.

"그리스도를 위하여 너희에게 은혜를 주신 것은 다만 그를 믿을 뿐 아니라 또한 그를 위하여 고난도 받게 하려 하심이라"(빌 1:29).

"너희는 그 은혜에 의하여 믿음으로 말미암아 구원을 받았으니 이것은 너희에게서 난 것이 아니요 하나님의 선물이라"(엡 2:8).

칭의는 믿음이라는 형식을 통해 주어진다. 왜냐하면 하나님께서 죄인에게 믿음을 주어 그를 의롭다 하시는 것을 기뻐하시기 때문이다.[14]

비록 믿음이 하나님이 구원을 행하시는 수단이기는 하지만, 믿음은 결코 인간적인 조건이 아니며, 인간적인 조건이 될 수도 없다. 왜냐하면 '조건'이라는 말에는 구원을 위해 반드시 필요한 질서, 길, 그 이상의 의미가 담겨 있기 때문이다. 만일 믿음이 칭의의 근거가 되는 조건(공로)이라면, 인간의 공로로 말미암는 구원이 되고 말 것이다. 그렇게 되면, 믿음을 단순히 행위로 말미암는 칭의의 또 다른 부분으로 전락시킴으로써 하나님의 은혜를 모욕하고 복음을 뒤엎어 버리는 셈이다(갈 4:21-5:12 참고). 게다가 하나님께 받아들여지기 위해서는 우리의 의가 완전해야만 하며, 따라서 우리의 믿음이 완전해야만 한다. 그러나 그 어떤 사람의 믿음도 완전하지 않다. 모든 믿음은 죄로 말미암아 손상되고 말았

---

14) *Justification and Sanctification*(Westchester, Illinois: Crossway Books, 1983), p.58에 기록된 루터의 견해에 대한 피터 툰(Peter Toon)의 주해와 비교해 보라.

다. 우리의 믿음을 포함하여 우리 안에 있는 그 어떤 것이라도 구원의 조건으로 내세워질 수 없다.

믿음은 인간의 공로를 알지도 못하고, 그것을 요구하지도 않는다(엡 2:8 참고). 왜냐하면 믿음은 본질적으로 오직 '우리 죄를 면제해 주기에 충분한' 그리스도의 공로와 의를 의지하는 것이기 때문이다(벨직 신앙고백서 22항 참고). 우리는 영원히 불완전한 우리의 믿음이 아니라 영원히 완전하신 그리스도의 의로 말미암아 의롭다하심을 받는다. 구원의 모든 조건들은 반드시 그리스도의 낮아지심 가운데 그분의 적극적인 순종과 소극적인 순종을 통해 충족되어야만 하며, 또한 그렇게 충족되었다(롬 5:19 참고). 구원을 위해 인간에게 요청되는 조건은 하나도 없다. 왜냐하면 구원은 전적으로 하나님께 속한 것이며, 인간이 가진 그 어떤 것에도 좌우되지 않기 때문이다.

"그런즉 원하는 자로 말미암음도 아니요 달음박질하는 자로 말미암음도 아니요 오직 긍휼히 여기시는 하나님으로 말미암음이니라"(롬 9:16).

알렉산더 핫지(A. A. Hodge)는 이 점에 대해 간결하게 설명한다.

> 의롭다 하는 믿음은 그리스도에게서 또는 그리스도 안에서, 그분의 보혈과 희생제사 안에서, 그리고 하나님의 약속 안에서 성취된다. 그러므로 본질적으로 의롭다 하는 믿음은 그리스도를 신뢰하는 것이요 자기 자신의 가치를 부인(denying)하는 것이며, 그것이 신뢰하고 의지하는 공로만을 전적으로 확증하는 것이다(롬3:25, 26,

4:20,22; 갈 3:26; 엡 1:12,13; 요일 5:10 참고).[15]

그러나 어떤 개혁주의 신학자들은 공로라는 의미를 배제한 상태에서 믿음을 '조건'이라고 부르기도 했다. 로버트 쇼(Robert Shaw)는 이것을 지혜롭게 설명한다.

어떤 훌륭한 신학자들은 믿음을 조건이라고 일컫는다. 그러나 그들이 말하는 조건이란, 소위 하나님의 은혜로운 언약에 따라 인간이 믿음을 수행함으로써 칭의라는 상급을 받는 권리를 얻게 만드는 의미에서의 조건이 아니다. 그들이 말하는 조건은, 단순히 의롭다하심을 받기 위해 우리의 믿음이 반드시 필요하다는 사실을 의미하는 것이다. 즉, 시간 순서상 또는 자연적 이치상 칭의보다 믿음이 선행한다는 것이다. 그러나 '조건'이라는 용어 자체가 매우 모호하며, 무지한 자들이 오해하기 쉬우므로 피해야 할 것이다.[16]

로버트 트레일(Robert Traill)은 더욱 강한 어조로 이렇게 말한다. "칭의

---

15) *Outlines of Theology*(Chicago: Bible Institute Colportage Ass'n., 1878), p.504.
16) *The Reformed Faith: An Exposition of the Westminster Confession of Faith*(1845; repr. Inverness: Christian Focus, 1974), p.131. 여기 언급된 "훌륭한 신학자들"에 대해서는 다음을 참고하라. Francis Turretin, *Institutes of Elenctic Theology*, trans. George Musgrave Giger, ed. James T. Dennison, Jr.(Phillipsburg, New Jersey: Presbyterian and Reformed, 1994), 2:675. 또한 *The Works of John Owen*(1851; repr. London: Banner of Truth Trust, 1965), 5:113; Thomas Ridgley, *A Body of Divinity……on the Assembly's Larger Catechism*(Philadelphia: William Woodward, 1815), 3:108-109와 비교하라.

문제에서⋯⋯예수 그리스도를 믿는 믿음은 조건도 아니고, 자격도 아니다⋯⋯오히려 그것은 그러한 모든 허영과 겉치레를 버리는 행위이다."[17] 그리스도를 영접하는 믿음의 행위는, 우리 자신의 행위와 모든 의를 구원의 조건 또는 근거로 여기지 않고, 오히려 그것들을 철저히 포기하는 것이다. 호라티우스 보나르(Horatius Bonar)는 다음과 같이 심오하게 비평한다. "믿음은 행위가 아니며, 공로는 더더욱 아니다. 믿음은 오히려 이 모든 것들을 그치고, 그 대신에 다른 존재가 완전히, 그리고 영원히 이루신 역사를 받아들이는 것이다."[18] 존 쥐라도(John Girardeau)도 "믿음은 그리스도의 충만함으로 가득 찬 텅 빈 것이며, 그리스도의 강력함을 의지하는 인간의 무능력이다"라고 선언한다.[19]

그러나 여기에 반대할 수도 있다. 만일 믿음이 오직 죄인을 그리스도에게 연합시키는 본질적인 요소이면서도 공로적인 의미에서의 조건은 아니라면, 믿음을 그리스도를 영접하는 '손'이라고 표현할 수 있겠는가? 믿음을 손에 비유한다면, 자연인에게 어떤 능력이 있다는 것이 아닌가? 믿음이 언제나 '하나님의 선물'(엡 2:8)이요 '하나님의 일'(요 6:29)이라면, 어떻게 믿음을 '손'이라고 표현할 수 있다는 말인가?

물론 자연인은 하나님의 구원을 받아들이기 위해 손을 내밀 만한 능

---

17) "A Vindication of the Protestant Doctrine Concerning Justification⋯⋯from the Unjust Charge of Antinomianism," *The Works of Robert Traill*(1810; repr. Edinburgh: Banner of Truth Trust, 1975), 1:252-296.
18) *The Everlasting Righteousness*(1874; repr. Edinburgh: Banner of Truth Trust, 1993), p.75.
19) *Calvinism and Evangelical Arminianism: Compared as to Election, Reprobation, Justification, and Related Doctrines*(1890; repr. Harrisonburg, Virginia: Sprinkle, 1984), pp.522-566.

력도 없다. 자연인은 허물과 죄로 죽었다(엡 2:1 참고). 자연인의 자유의 지로는 절대 그리스도를 영접할 수 없다(마 23:37; 요 5:40 참고). 성경은 죄인이 먼저 하나님께로 나아가는 것이 아니라, 하나님께서 먼저 죄인에게 다가와 믿음으로 말미암아 죄인을 자신과 연합시키신다고 가르친다. 죄인의 의지로는 절대 하나님께로 나아갈 수 없으며, 믿음으로 그리스도를 향해 돌아설 수도 없다(롬 9:16 참고). 심지어 하나님의 무시무시한 심판에 대한 두려움으로 고통받는다 하더라도, 자연인은 결코 구원받기 위하여 구원 얻는 믿음으로 하나님께 피하지 않을 것이다(잠 1:24-27 참고).

그러나 성령은 중생을 통해 그리스도가 아닌 다른 곳으로는 피하지 못하게 하는 살아 있는 빈손이라는 선물을 주신다.

"영접하는 자 곧 그 이름을 믿는 자들에게는 하나님의 자녀가 되는 권세를 주셨으니 이는 혈통으로나 육정으로나 사람의 뜻으로 나지 아니하고 오직 하나님께로부터 난 자들이니라"(요 1:12,13).

"주의 권능의 날에 주의 백성이 거룩한 옷을 입고 즐거이 헌신하니 새벽 이슬 같은 주의 청년들이 주께 나오는도다"(시 110:3).

믿음이 어떤 방법으로든 일하거나 의롭다하심을 받는 일에 공헌하기 때문에 손이라고 불리는 것이 아니다. 믿음은 그리스도를 영접하고 받아들이고 붙잡아 그리스도의 의를 전가받게 하기 때문에 손이라고 불린다. 아브라함 부스(Abraham Booth)는 이 점을 잘 설명한다. "칭의에서 믿음이란 우리 하나님과 구주 예수 그리스도의 의를 믿는 보배로운 믿음(벧후 1장 참고)이며, '그의 피를 믿는 믿음'(롬 3:25 참고)이다. 이 믿음으로 말미암아 신자는 속죄를 '받으며,' 의의 선물을 넘치도록 '받는다.'"20)

칭의에 관한 한 믿음은 수동적이다. 반면 복음 안에서 죄인에게 주어진 그리스도를 영접하는 일에 믿음은 능동적이다.21) 실제로 복음 안에서 그리스도가 주어질 때, 믿음은 능동적으로 신자를 움직여 전가된 그리스도의 의 안에서 영적이고도 심오한 기쁨으로 즐거워하게 한다. 이것은 인간의 공로를 자랑하는 기쁨이 아니다. 왜냐하면 믿음 자체가 즐거움을 만들어 내고 더욱 풍성하게 하는 손이 아니라, 예수 그리스도로 말미암아 주어지는 선물이기 때문이다.

믿음의 손은 자비롭고도 무조건적으로 그리스도와 그분의 의를 받아들이고 그분 안에서 안식하게 한다. 믿음은 우리의 모든 구원이 발견되는 그리스도 예수 안에 살게 한다(요 15:1-7 참고). 벤자민 워필드(Benjamin B. Warfield)는 이를 적절하게 요약한다.

---

20) *The Reign of Grace from Its Rise to Its Consummation*(Boston: Lincoln&Edmands, 1820), pp.180-181.
21) Heinrich Heppe, *Reformed Dogmatics*, trans. by G. T. Thomson(London: George Allen and Unwin, 1950), Guilielmus Bucanus(XXXI, 34)를 인용하였다. "우리가 믿음으로 의롭다함을 받는다고 말할 때, 그것은 어떤 의미인가? 믿음 그 자체가 존엄하거나 공로를 갖는 것이 아니다. 믿음은 행위가 아니며, 우리 안에 있는 새로운 재능이나 속성, 또는 사랑보다 약간 뒤떨어지는 능력이나 효능도 아니다. 더욱이 믿음 위에 사랑이 더해지기 때문에 의롭다하심을 얻는 것도 아니며, 사랑을 통해, 즉 사랑으로 일하기 때문도 아니다. 또한 믿음이 우리 자신이 아니라 그리스도 안에 있는 의를 추구하게 만들어 우리를 의롭다 하시는 그리스도의 영을 나누어 주기 때문도 아니다. 우리가 믿음으로 말미암아 의롭다하심을 얻는 것은 다만 믿음이 복음 안에 제공된 의를 추구하고 받아들이게 하기 때문이다"(p.554).

믿음이 가치를 발휘하는 것은 바로 그 대상이 되시는 예수 그리스도 때문이다……그러므로 믿음의 구원하는 능력은 믿음 자체에 있는 것이 아니라, 그것이 의지하는 전능하신 구세주 안에 있다……구원하는 것은 믿음이 아니라 예수 그리스도 안에 있는 믿음이다……더 자세히 말하면, 그리스도 안에 있는 믿음 자체가 우리를 구원하는 것이 아니라 그리스도 예수님이 믿음을 통해 우리를 구원하시는 것이다.[22]

> 고찰 3
>
> 믿음으로 우리의 영혼에 그리스도를 받아들이기 위해 어떤 과정을 거쳐야 하는가? 믿음이 어떻게 경험적으로 그리스도와 그분의 의를 인지하고 받아들이는가? 그리고 그것은 어떤 특징을 나타내는가?

오늘날 알미니안주의는 믿음으로 그리스도를 영접한다는 개념을 강탈하였다. 심지어 개혁주의 교회의 강단에서조차도 이것이 회복되어야만 할 주제가 되어 버렸다. 개혁주의를 따르는 많은 신실한 그리스도인들은 '그리스도를 영접하는 것'에 대해 말하기를 두려워한다. 왜냐하면 현대의 복음전도자들이 영접의 개념을 잘못 가르치기 때문이다(예

---

22) *Biblical and Theological Studies*(Philadelphia: Presbyterian and Reformed, 1968), pp.423-425.

를 들어, 영접을 구원을 얻기 위한 조건을 충족시키고자 죄인이 '자유의지'에 따라 나타내는 행위로 이해한다). 그리스도를 영접한다는 것이 잘못된 것처럼 보이고 '알미니안주의적'으로 보이기 때문에, 자유의지에 따라 복음에 반응한다는 말을 금기시한다.[23]

믿음을 칭의의 근거로 인정하지 않는다는 것은 믿음을 경시하거나 믿음을 통해 그리스도를 개인적으로 영접해야 할 필요성을 얕보는 것이 아니다. 성경은 믿음이 그 어떤 공로도 될 수 없다고 말하면서도 믿음의 필요성을 매우 분명하고도 확실하게 역설한다(히 11:6 참고). 죄인이 그리스도에게 심기고 접붙여지기 위해서는, 반드시 믿음으로 말미암아 그리스도의 전가된 의라는 주권적 은혜를 인격적으로, 개인적으로 받아들여야만 한다(요 3:36; 롬 5:11,17 참고). 이에 대해 벌카우어는 다음과 같이 말한다.

> 구원의 길은 믿음의 길이다. 왜냐하면 오직 믿음으로만 독점적이고도 배타적인 하나님의 신적 은혜가 인식되고 수여될 수 있기 때문이다⋯⋯믿음은 '오직 은혜(*sola gratia*)'와 다투는 경쟁자가 아니다. 주권적 은혜가 오직 믿음으로 말미암아 확증된다⋯⋯그러므로 '오직 은혜'와 '오직 믿음'은 여전히 믿음과 칭의 사이에 가장 궁극적인 핵심으로 남아 있다.[24]

---

23) 1994년 10월 5일 레이 래닝(Ray Lanning)과의 서신에서 발췌하였다. 본 장에 대해 신중히 교정해 주고 몇 가지 도움이 되는 제안을 해 준 래닝에게 매우 감사한다.
24) *Faith and Justification*(Grand Rapids: Eerdmans, 1954), pp.185-189, 200.

믿음은 거룩한 명령이며, 개인적으로 반드시 필요할 뿐만 아니라 긴급하게 요구되는 요소이다(왕하 17:14,18,21 참고). 말하자면, 여기에는 믿음 아니면 파멸만 있는 것이다(막 16:16; 요 3:18 참고). 믿음은 반드시 필요하다. 유명한 청교도인 존 플라벨(John Flavel)은 "영혼은 몸의 생명이다. 믿음은 영혼의 생명이다. 그리스도는 믿음의 생명이다"라고 말했다.

의롭다 하시는 믿음은 무엇보다 먼저, 하나님의 영과 말씀으로 죄를 책망하고 비참함을 깨닫게 하는 구원의 은혜이다. 둘째, 그것은 마음으로부터 복음에 동의하고 받아들이는 은혜이다. 셋째, 그것은 죄 용서와 구원을 위해 그리스도와 그리스도의 의를 영접하고 그 안에서 안식하게 만드는 은혜이다. 넷째, 그것은 믿음을 받아들인 사람에게서 두드러지게 나타나는 바 그리스도를 따라 살게 만드는 은혜이다(히 10:39; 롬 10:8-10,14,17; 요 16:8,9; 행 10:43; 빌 3:9; 갈 3:11 참고, 웨스트민스터 대요리문답 72,73문답 참고). 신자의 영혼은 이러한 믿음의 특징들을 경험한다. 또한 '오직 믿음으로 말미암는 칭의'에서 "-으로(말미암는)"라는 단어의 경험적 측면을 확신하고 싶다면, 이것들을 더욱 자세히 살펴보아야 한다.

첫째, 믿음은 경험적 은혜이며, 죄를 고발하고 영혼을 비우는 은혜라고 할 수 있다. 그리스도를 영접하고 의지하며 그분의 의를 소중히 여기려면 자기 자신의 의를 포기해야 한다. 그래서 믿음은 완전한 겸손을 가르친다. 즉, 믿음은 죄인으로 하여금 자신이 그리스도 밖에 있다는 것을 깨달아 모든 것을 완전히 비우게 한다.[25] 믿음은 그리스도를 제외한 모든 것에 조금도 소망을 두지 않는 것이다. 그렇게 하기 위하여 믿음은 죄인으로 하여금 자신의 절망적인 상황과 죄인이 마땅히 받아야만 하는 비참한 심판을 의식하게 만든다. 은혜가 정말 은혜가 되기 위해서는 죄가 반드시 죄가 되어야 한다. 믿음은 나의 죄과와 잘못을 인정하게 한다. 믿음은 공로가 되기는커녕 오히려 공로에 대한 모든 기대를 부정하고 하나님의 자비만을 의식한다. 나의 누더기 같은 옷을 반드시 벗어 던져야만 한다. 구세주는 경건하지 않은 자를 위하여 적극적 순종을 통해 율법에 완전히 순종하시고, 소극적 순종을 통해 죄의 형벌을 짊어지셨다. 하나님과 내 이웃을 온전히 사랑하라는 율법의 명령을 지킬 수 없는 자신을 깨달아야만 구세주의 위대하심을 인식할 수 있다(롬 5:6-10 참고). 그리스도의 의를 발견하기 위해서는 먼저 나의 불의를 발견해야 한다(시 71:16 참고).

둘째, 믿음은 전심으로 '복음 진리에 동의하는 것'이다(웨스트민스터 대요리문답 73문답 참고). 믿음은 단순히 지적으로만 복음 진리에 동의하는 것이 아니다. 믿음은 인간과 거룩하신 하나님과 구주 되신 그리스도에 대한 성경의 가르침을 진심으로 믿는 것이다. 죄인은 믿음으로 거룩하신 하나님께 안기기 위해 자기 자신의 의를 거부하고, 성경에 계시된 바와 같이, 또한 성령께서 역사하시는 대로 그리스도가 필요하다는 것을 경험으로 깨달아야 한다. 믿음은 죄인으로 하여금 모든 종류의 자

---

25) Ibid., pp.172-175.

기 공로를 부정하게 하고, 그를 그리스도와 그분의 공로로 더욱 가까이 이끈다(롬 7:24,25 참고). 믿음은 우리로 하여금 복음 앞에 굴복하고, 팔을 벌리신 하나님의 넓은 품에 안기게 한다. "믿음의 행위는 하나님을 붙드는 것이요 하나님께 붙들리는 것이다. 믿음의 능력은 정복하는 것인 동시에 항복하는 것이다. 즉, 믿음은 세상을 이기는 동시에 그리스도의 위대한 승리에 굴복하는 것이다."[26]

믿음은 자기 자신을 바라보는 데서 눈길을 돌려 그리스도를 바라보게 한다. 믿음은 자아를 떠나 전적으로 은혜 안에서 살게 한다.[27] 믿음은 영혼의 모든 부족과 가난으로부터 떠나 그리스도의 풍성하심으로 피하게 하고, 영혼의 죄책에서 떠나 화목하게 하시는 그리스도에게로 피하게 하며, 영혼의 속박으로부터 떠나 해방시키시는 그리스도에게로 달려가게 만든다. 믿음은 어거스투스 토플레디(Agustus Toplady)와 함께 다음과 같이 고백하게 한다.

빈손 들고 앞에 가
십자가를 붙드네.
벌거벗은 나, 입을 의복을 위해 당신께 가오며,
소망 없는 나, 당신께 은혜를 간구하나이다.
부정한 내가 당신의 샘물로 피하오니

---

26) Ibid., p.190.
27) John Calvin, *Commentary on Romans*(Edinburgh: Calvin Translation Society, 1843), pp.147-149.

구주께서 씻기시지 않으면 내가 죽겠나이다.

셋째, 의롭다 하시는 믿음은 특별히 죄인으로 하여금 그리스도와 그분의 의를 붙잡게 하며, 지식과 이해를 초월하는 용서와 평강을 경험하게 하는 영혼의 행위이다(빌 4:7 참고). 믿음은 죄인을 구세주에게 연합시키는 수단일 뿐이다. 칼빈(Calvin)은 이렇게 말한다. "믿음은 우리로 하여금 그리스도의 의에 참여하게 하는 것 외에 다른 방법으로 우리를 의롭게 하지 않는다." 믿음으로 그리스도를 이해하고(*fides apprehensiva*), 믿음으로 그분과 '연합하며,' 믿음의 팔로 그리스도를 '감싸안고,' 믿음으로 자신을 완전히 부인하고 그분의 말씀에 매달리며, 그분의 약속을 신뢰한다.

그리스도는 믿음의 대상일 뿐만 아니라 믿음 안에 있는 선물이기도 하다. 믿음은 그리스도께로 나아가 그분을 듣고 보고 신뢰하고 취하고 영접하고 알고 즐기고 사랑하고 승리함으로써 그리스도의 인격 안에서 안식하게 만든다. 믿음은 그리스도의 처방과 지침을 따르고, 오직 그분의 종결된 사역과 계속되는 중보를 가장 신뢰하며, 위대한 의사이신 그리스도의 손에 자신을 맡기게 만든다.

루터는 "반지가 보석을 끌어안듯이 믿음이 그리스도를 꼭 끌어안는다"라고 말한다. 믿음은 신자의 영혼을 그리스도의 의로 둘러싼다. 믿음은 신뢰하는 마음으로 그리스도의 완전한 의와 만족과 거룩을 받아들인다. 믿음은 그리스도의 보혈의 의가 곧 하나님의 의라는 것을 알고,

그 효력을 맛본다(롬 3:21-25, 5:9, 6:7; 고후 5:18-21 참고). 신자의 영혼은 믿음으로 그리스도에게로 이끌려 하나님의 용서와 용납하심을 경험하고, 모든 종류의 자비로운 언약에 참여한다. 다니엘 커드레이(Daniel Cawdray)는 칭의 안에서 떼려야 뗄 수 없는 믿음과 그리스도의 관계를 잘 설명한다.

> 이스라엘 백성이 눈을 들어 놋뱀을 바라볼 때 치유를 받았던 것처럼, 칭의에서 믿음과 그리스도는 상호 연관성을 가지고 있으며, 반드시 함께 나타나야 한다. 믿음은 받아들이는 행위이며, 그리스도는 믿음이 받아들이는 대상이시다. 믿음이 없으면 그리스도의 고난으로도 구원받지 못한다. 마찬가지로, 믿음이 그 믿음의 대상이신 그리스도 안에 있지 않으면 아무런 소용이 없다.[28]

윌리엄 거널(William Gurnall)은 이것을 "믿음은 한 손으로는 자기 자신의 의를 뽑아 집어 던져 버리고, 다른 한 손으로는 그리스도의 의를 옷 입는다"라고 묘사하였다. 『하이델베르크 요리문답』은 신자가 그리스도의 의를 붙잡는 일에 대해 잘 설명한다. 다음을 보라.

질문 60. 당신은 어떻게 하나님 앞에서 의로워질 수 있는가?

---

[28] *Selfe-examination required in everyone for the Worthy Receiving of the Lord's Supper*, 2nd edition(London: T. Walkley, 1648), p.55.

답. 오직 예수 그리스도를 참되게 믿는 믿음을 통해 의로워질 수 있다(롬 3:21-28; 갈 2:16 참고). 비록 내가 하나님의 계명에서 크게 벗어났고, 그 계명 중 어느 하나도 지키지 못했으며(롬 3:9 이하 참고), 아직도 온갖 악으로 마음이 이끌린다고 나의 양심이 고소할지라도(롬 7:23 참고), 하나님은 나의 공로를 조금도 보시지 않고(롬 3:24 참고) 오직 은혜로(딛 3:5; 엡 2:8,9 참고) 그리스도의 완전한 속죄의 의와 성결을 나의 것으로 인정해 주신다(롬 4:4,5; 고후 5:19; 요일 2:1 참고). 그리스도께 대한 참된 믿음으로 말미암아 마치 내가 죄지은 일이 없는 것처럼, 그리고 그리스도께서 나를 위하여 행하신 순종이 내가 행한 순종인 것처럼 여겨진다(고후 5:21 참고). 단지 내가 해야 할 일은, 믿는 마음으로 이러한 하나님의 선물을 받는 것뿐이다(롬 3:28; 요 3:18 참고).

질문 61. 당신은 왜 믿음으로만 하나님 앞에서 의롭다함을 받을 수 있다고 말하는가?

답. 하나님께서 나를 기쁘게 받으시는 것은 내 믿음에 어떤 가치가 있기 때문이 아니다(사 16:2; 엡 2:8,9 참고). 오직 그리스도의 속죄와 의와 성결 때문에 내가 하나님 앞에서 의롭다함을 받는다(고전 1:3, 2:2 참고). 오직 믿음으로 그리스도의 의가 내 것으로 여겨진다(요일 5:10 참고).

넷째, 믿음은 그리스도를 따라 살게 한다. 믿음으로 말미암아 그리스도와 연합한 신자는 객관적으로 그리스도의 모든 유익을 소유한다. 또한 주관적으로는 성령께서 신자에게 적용하시는 만큼, 그리고 그리스도를 받아들임으로써 받을 수 있는 만큼 풍성한 유익들을 경험한다. 은혜와 믿음이 그리스도 안에서 주어졌기 때문에, 신자의 본질적 의는 외부에서 온 것이다. 비록 그리스도께서 신자 안에 거하시면서 그로 하여금 날마다 회개하게 하시더라도 말이다. "밖에 계신 그리스도"가 칭의의 근거이며, "안에 계신 그리스도"가 칭의의 결과이자 신자가 그리스도와 강력하게 연합해 있다는 증거이다.[29] 믿음이 볼 때, 그리스도는 승천하여 영광 중에 계신 주요 신자의 영혼 안에 계신 영광의 주님이시며, 희고도 붉어 많은 사람 가운데 가장 뛰어나신 분이다(아 5:10,16 참고). 믿음은, 위대한 지혜의 왕 솔로몬이 베푼 잔치와 답례품을 보고서 "내가 그 말들을 믿지 아니하였더니 이제 와서 본즉 당신의 지혜가 크다 한 말이 그 절반도 못 되니 당신은 내가 들은 소문보다 더하도다"(대하 9:6)라고 말한 스바 여왕처럼 고백한다. 믿음은 실로 "오직 그리스

---

29) Joel R. Beeke, *Assurance of Faith: Calvin, English Puritanism, and the Dutch Second Reformation*(New York: Peter Lang, 1991), pp.158ff. 윌리엄 거널(William Gurnall)이 잘 지적하는 대로, 칭의의 근거와 결과를 바꾸는 것은 치명적인 위험을 안고 있다. 다음을 읽어 보라. "당신이 당신 밖에 계신 그리스도 대신 안에 계신 그리스도를 신뢰한다면, 당신은 그리스도를 대적하는 그리스도를 만드는 꼴이 된다. 신부는 신랑의 초상화를 아끼고 존중한다. 그러나 신부가 신랑보다 신랑의 초상화를 더욱 사랑한다면, 그처럼 어리석은 일도 없을 것이다. 더 나아가 신랑에게 나아가지 않고 신랑의 초상화에 가서 자신이 원하는 모든 것을 구한다면, 그것은 대단히 어리석은 일이다. 그런데도 당신은 당신의 영혼 안에 그리스도의 형상을 직접 그려 넣으신 그리스도께로 가지 않고, 그 형상에게로 더욱 가까이 가려는 어리석음을 범하고 있다"(*The Christian in Complete Armour*[1655-1662; repr. Edinburgh: Banner of Truth Trust, 1974], 2:145). 비교. James Ussher, *A Body of Divinity*(1645; repr. London: R. B. Seeley and W. Burnside, 1841), p.244.

도는 만유시요 만유 안에 계시니라"(골 3:11)라고 외친다!

이처럼 믿음은 그리스도 중심의 신앙고백이다. 이것이 믿음의 이정표이자 특징이다. 믿음은 그리스도의 실재적이고도 구속적인 현존을 바라본다. 오직 그리스도 안에서 전적으로 안식하는 것이 바로 믿음의 참된 본질이며 원천이다. 믿음은 믿음 그 자체를 보지 않는다. 오늘날 많은 사람들이 믿음의 대상이 아니라 믿음 그 자체에 마음을 빼앗기곤 한다. 종교개혁자들은 믿음에 대하여 많은 글을 쓰고 설교를 했다. 그들의 관심은 주관적인 믿음 자체가 아니라 믿음의 객관적인 대상에 있었다. 그들의 관심은 인간 중심이 아니라 그리스도 중심이었으며, 심리적인 것이 아니라 신학 중심이었다. 구원 얻는 믿음은 우리 안에 있는 믿음이나 그 믿음 안에 있는 믿음이 아니며, 우리의 칭의 안에 있는 믿음도 아니다. 그것은 오직 그리스도 안에 있는 믿음이다.

청교도들은 이것을 매우 훌륭하게 설명하였다. 조지 스윈녹(George Swinnock)은 이렇게 말한다. "첫째, 믿음은 반드시 밖에 계신 그리스도를 바라보아야 한다. 둘째, 믿음은 반드시 은혜를 위해 그리스도를 우러러보아야 한다. 셋째, 믿음은 반드시 그리스도를 취하고 영접하며 그리스도의 은혜를 받아야 한다."[30] 또한 토마스 맨튼(Thomas Manton)은 이렇게 말한다. "믿음은 두 개의 손을 가지고 있다. 한 손은 그리스도를 영접하기 위해 활짝 벌리고, 다른 한 손은 그리스도와 자신의 영혼

---

30) *The Works of George Swinnock*(1868; repr. Edinburgh: Banner of Truth Trust, 1992), 1:203.

을 가로막는 모든 방해물들을 치운다." 믿음은 율법의 요구로 말미암아 그리스도의 뒤를 바짝 뒤쫓게 하고, 영혼의 죄책 때문에 그리스도께 엎드리게 할 뿐만 아니라, 모든 위험과 방해를 무릅쓰고 그리스도를 향해 자신을 내던지게 만든다.

이러한 믿음이 없이는 하나님을 기쁘시게 하지 못한다(히 11:6 참고). 하나님은 믿음을 기뻐하신다. 왜냐하면 믿음이 그리스도를 기뻐하기 때문이다. 그리스도는 믿음을 다른 어떤 은혜보다도 더 귀하게 여기신다. 왜냐하면 믿음이 그리스도를 가장 높이기 때문이다. 『벨직 신앙고백서』에서 가르치듯이, 믿음은 계속해서 "우리 주 예수 그리스도의 피와 죽음과 고난과 순종 안에서" 피난처를 찾는다(29항 참고).

그리스도는 믿음의 유일한 대상이요 유일한 희망이다. 그리스도야말로 믿음의 심장 박동이요 생명이 되신다. 믿음은 영혼으로 하여금 그리스도의 구원을 즐거워하게 만든다. 믿음으로 말미암아 그리스도는 영혼의 지혜와 의로움과 거룩함과 구원함이 되신다(고전 1:30 참고). 믿음은 신자의 모든 것을 그리스도의 모든 것에 헌신하게 만든다. 이처럼 믿음은 그리스도 중심적이기 때문에 다른 어떤 것보다도 칭의와 더욱 나뉠 수 없는 관계에 있으며, 칭의와 관련된 다른 어떤 은혜들보다도 훨씬 더 뛰어난 것이 된다.[31]

그러므로 믿음이 모든 영적 은혜 가운데 으뜸이라고 불리더라도 조금도 놀라운 일이 아니다. 토마스 왓슨(Thomas Watson)은 이렇게 말한다.

---

31) James Buchanan, *The Doctrine of Justification*(Edinburgh: T.&T. Clark, 1867), p.385

사랑은 천국에서 더할 나위 없이 좋은 왕관이다. 그러나 믿음은 이 땅에서 모든 것을 이기는 은혜이다……믿음은 마차를 달리게 하는 주축 바퀴와 같다. 그것이 다른 모든 것들을 굴러가게 만든다……다른 은혜들은 우리로 하여금 그리스도를 닮아 가게 만들지만, 믿음은 우리로 하여금 그리스도의 지체가 되게 한다.[32]

덧붙여 조지 스윈녹은 다음과 같이 설명한다. "사령관을 부르라. 그리하면 하사관으로부터 다른 모든 병사들, 곧 다른 모든 은혜들이 뒤따라 올 것이다."[33]

> **고찰 4**
> 오직 믿음으로 말미암아 의롭다함을 얻는다는 성경적, 역사적, 개신교적 표현이 어떻게 로마 가톨릭교회의 가르침과 반대되는가?

반(反)종교개혁을 이끌었던 로마 가톨릭교회의 지도자들이 트렌트 공의회(Trent Council, 1545-1563)로 모였다. 이 공의회의 목적들 가운데 하나는 '오직 믿음으로 의롭게 된다'는 교리를 다루는 것이었다. 그들의 목표는 로마 가톨릭에서 '의롭게 하심'의 교리에 대한 합의점을 찾고,

---

32) *The Select Works of the Rev. Thomas Watson*(New York: Robert Carter&Brothers, 1856), pp.150-151.
33) *The Works of George Swinnock*, 1:202.

루터의 독특한 가르침과 초기 루터파 신앙고백들의 교훈들을 파문하고 저주하여 새로운 개신교주의를 정죄하는 것이었다.[34)]

'의롭게 하심'의 교리가 갖는 중요성 때문에, 트렌트 공의회의 법령 (1547년 1월 13일 제6차 회의를 통해 최종적으로 확정된)은 16개의 "장들"(각각의 장들은 한 줄이나 두 줄의 긴 문장으로 구성되어 있다) 안에서 로마 가톨릭의 가르침을 상세히 주해하고 설명하고 있다. 또한 33개의 특정한 판결을 담아 유죄를 선고하는 법령들(하나의 간단한 단락으로 구성된)이 뒤따라온다.[35)] 제6차 회기의 최종적인 합의문은 '의롭게 하심'의 세 가지 상태라는 로마 가톨릭교회의 견해를 설명한다. 먼저, 1-9장에서는 죄인이 처음으로 죄의 상태에서 벗어나 의의 상태로 옮겨 가는 것을 묘사한다. 그다음으로, 10-13장에서는 의롭다함을 받은 죄인이 어떻게 의를 더욱 증대시킬 수 있는지에 대하여 상술한다. 마지막으로, 14-16장에서는 은혜에서 떨어져 나간 자들이 고행적 성례를 통해 다시금 의롭게 되는 것에 관해 진술한다.

부가된 33개의 법령들은 거의 대부분 개신교의 칭의 교리를 이단적이라고 보고 구체적으로 정죄한다. 매우 불행하게도 이 법령들은 개신교의 가르침들을 너무나 악의적으로 신랄하게 왜곡한다. 그래서 그것이 과연 개신교의 칭의 교리가 맞는지조차도 거의 알아차릴 수 없을 정

---

34) Hubert Jedin, *A History of the Council of Trent*, trans. Dom Ernest Graf(St. Louis: B. Herder, 1961), 2:309. 제딘의 이 작품은 로마 가톨릭교도가 집필한 트렌트 공의회에 대한 결정판이라 할 수 있다.
35) Philip Schaff, *The Creeds of Christendom*(New York: Harper&Brothers, 1878), 2:77-206. 이 작품은 본문에서 라틴어와 영어를 병행하여 제공한다.

도이며, 로마 교회만큼이나 개신교회에서도 극렬하게 정죄하는 실제 이교와 이단의 교리가 혼합되어 있는 것처럼 보일 정도이다. 트렌트 공의회는 칭의 교리의 다음과 같은 쟁점에 관해 로마 가톨릭교회와 개신교회가 본질적으로 다르다는 것을 분명히 밝힌다.

① <u>전통적인 로마 가톨릭교회의 가르침은 '의롭게 하심'을 죄인이 실제로 의로워지는 하나의 과정으로 간주한다.</u>

로마 교회는 "의롭다 하다"라는 동사에 '의롭게 만들다'라는 의미가 들어 있다고 주장한다. 의롭게 되었기 때문에 의롭다함을 받는다는 것이다. 즉, 그것을 (상태나 신분의 변화라기보다는) 죄인을 의로운 사람으로 만드는 본성의 내적 변화에 의존하는 것으로 본다. 신학적으로 이런 주장은 칭의와 성화를 뒤섞는 결과를 낳는다. 결국 칭의가 의로운 존재가 됨으로써 발생하는 결과가 된다. 말하자면, 로마 가톨릭이 주장하는 의는 주입된 의(*iustitia infusa*, 7장)이다. 즉, 의가 전가되는 것이 아니라 실제가 되는 것이다. 신자는 이 내적인 의(*iustitia in nobis*)를 기초로 의롭게 된다. 결국 죄인이 아니라 의인을 의롭다 하는 것이다.

트렌트 공의회에 따르면, 믿음은 구원의 시작이요 모든 '의롭게 하심'의 토대이며 뿌리이다(8장). 믿음이 사랑으로 역사하고 생명력을 얻음으로써 죄인을 의롭게 만들어 준다. 그러므로 믿음은 절대 홀로 존재하지 않으며, "사랑으로써 역사하는 믿음"(갈 5:6)이다. 결국 믿음이 어느 정도 공로가 되어 하나님의 용서와 용인을 얻는 것이다(7장). 트렌트 공의회 법령 11항은 이렇게 진술한다.

누구든지 성령의 역사로 말미암아 사람들의 마음에 부어지고 내재하게 된 은혜와 사랑을 배제한 채로 오직 그리스도의 의의 전가와 죄의 사면만으로 의롭다함을 받으며, 그들이 의롭다함을 받는 은혜가 오직 하나님의 선하신 뜻에 달려 있을 뿐이라고 말하는 자는 저주를 받을지어다.

최근 예수회 학자인 존 블리(John Bligh)는 다른 로마 가톨릭 학자들과 함께 "칭의(의화)"라는 말이 종종 사법적 상황에 적용되며 죄를 용서해 주시는 하나님의 선언적 행위의 한 부분이라는 점에 대해 동의했다. 그러나 블리는 계속해서 "칭의(의화)는 죄 용서 그 이상이다. 그것은 죄 용서 더하기 변화(변혁)이다"[36]라고 말함으로써 칭의와 성화를 뒤섞었다. 이런 견해는 믿음으로 말미암는 칭의에 관해 성공회-로마 가톨릭 국제 위원회가 연합하여 발표한 공동 진술에도 아주 명백하게 나타난다. "칭의(의화)와 성화는 동일한 하나님의 행위에 나타나는 두 국면이다."[37]

그러나 트렌트 공의회와는 달리, 성경과 개신교 신학은 칭의에 관한 한 오직 하나님의 뜻 가운데 의가 죄인에게 전가(*iustitia imputata*)되고 죄인의 것으로 여겨진다고 가르친다. 칭의는 하나님이 죄인을 의롭

---

36) *Galatians: A Discussion of St. Paul's Epistle*(London, St. Paul Publications 1969), p.42.
37) *Salvation and the Church*(1987), para.15.

다고 간주하시는 법정적 선언 또는 선포이다. 그것은 불의한 자가 자신과 관계없이 외부에서 오는 의를 받아 의롭다함을 얻는 것이다. 그 의는 '외적인 의(*iustitia extra nos*)' 또는 우리 바깥에 있는 전혀 새로운 의, 곧 그리스도의 의이다(사 45:24,25; 행 13:39; 고전 6:11; 엡 1:17 참고). 죄인의 죄가 사라지는 것은 아니며, 오직 믿음으로 그리스도의 의가 전가되어 하나님께서 의롭다 하시는 것이다(롬 4:5-8 참고). 칭의와 성화는 결코 뒤섞여서는 안 된다. 내적 변화로 말미암는 의는 구원에 아무런 공헌도 할 수 없다. 루터는 갈라디아서 주석에서 "우리는 사랑을 행하는 믿음으로 의롭다함을 받는 것이 아니라 오직 믿음 하나로만 의롭다함을 받는다"라고 말했다. 믿음이 그리스도에 대한 사랑의 열매를 맺기 때문에 죄인을 의롭다 하는 것이 아니라, 그리스도가 성취하신 사랑의 열매를 받아들이기 때문에 의롭다 하는 것이다. 그러나 야고보 사도가 가르치는 대로, 그 믿음은 그리스도인으로 하여금 실제로 사랑과 선행과 모든 은혜로운 열매를 맺게 한다(약 2:14 이하 참고). 좋은 나무는 좋은 열매를 맺는다. 좋은 열매 때문에 나무가 좋은 나무가 되는 것이 아니다. 좋은 열매를 맺는 것은 좋은 나무의 특징일 뿐이다.

루터는 계속해서 다음과 같이 설명한다. "칭의에서 행위는 전혀 고려할 대상이 아니다. 그러나 마치 태양이 빛을 비추는 것을 멈출 수 없듯이, 참된 믿음은 선한 행위들을 낳을 수밖에 없다." 성화가 뒤따르지 않는 칭의는 있을 수 없다. 성화는 칭의를 얻었다는 것을 확증한다. 만일 믿음에 행위가 뒤따르지 않는다면, 그 믿음은 죽은 것이다. 그것은

절대 그리스도 안에 있는 살아 있는 믿음이 아니다.[38]

역사적으로 개신교는 믿음에 관하여, 칭의와 성화가 신자의 구원에 관한 공통분모요 분리될 수 없지만 또한 이 둘은 독특하게 구별된다고 가르쳤다. 이 둘은 모두 '무조건적인 은혜'로부터 흘러나오며, 삼위일체 하나님의 선하고도 기뻐하시는 뜻 안에 있다. 칭의와 성화는 모두 오직 영원한 언약의 머리 되시는 예수 그리스도를 통해 이루어진다. 중생하는 순간 발생하고 시작되는 칭의와 성화는 구원에 반드시 필요한 요소들이다.

그러나 또한 우리는 칭의와 성화를 다양한 측면에서 뚜렷이 구별할 수 있다. 칭의는 구원받는 죄인에게 외부적인 것인 반면, 성화는 내적이며 본질적인 것이다. 칭의는 죄인을 그리스도 안에서 의롭고 거룩하다고 선언하는 반면, 성화는 그리스도로부터 흘러나오는 열매로서 실제로 죄인을 의롭고 거룩하게 만든다. 칭의는 법정적 신분과 관련된 것으로서 죄책을 제거한다. 반면 성화는 영적 상태에 관한 것으로서, 영혼을 격려하여 죄의 욕망과 권세를 제어하고 정복한다. 칭의는 하나님의 은총을 회복시키는 반면, 성화는 하나님의 형상을 회복시킨다. 칭의는 본질적으로 단번에 완성되는 행위이다. 반면 성화는 점진적이며, 죽기 전에는 완성되지 않는 불완전한 과정이다. 칭의는 구속받은 자에게 천국에 들어갈 자격과 담대함을 부여한다. 반면 성화는 천국에 들어가기에 합당한 모습을 갖추고, 그것을 즐거워하는 데 필요한 준비를 하게

---

38) WA 69, 254, 27-30; 69, 46, 20.

한다. 칭의는 구원의 권리를 제공하는 반면, 성화는 구원의 시작을 제공한다. 은혜로 의롭다함을 받은 자는 칭의와 관련하여 의인이다. 그러나 은혜로 말미암아 그들은 성화를 통해 거룩을 추구하기 위해 계속 노력해야 한다. 칭의는 죄인이 용서받는 것이고, 성화는 환자가 치료받는 것이라고 할 수 있다. 존 제임스(John Angel James)는 칭의와 성화의 연합이 현재적 구원을 구성하는 것임을 잘 설명한다.

한 죄수가 사형 선고를 받아 감옥에 갇혀 있는데 감옥에서 발생하기 쉬운, 매우 위험한 열병인 티프스(jail fever)에 걸렸다고 가정해 보자. 설령 왕이 그를 사면해 준다고 하더라도 그것으로는 그의 안전과 행복을 충분히 보장할 수 없을 것이다. 그의 질병이 치료되지 않는다면, 그는 머지않아 그 질병 때문에 죽고 말 것이다. 반면 왕이 사면을 베풀어 그의 집행을 유예하지 않는다면, 설령 의사가 그의 질병을 치료해 준다고 할지라도 그에게 별 영향을 끼치지 못할 것이다. 그가 치료를 받아 건강하게 된다 하더라도 머지않아 법의 처벌을 받게 될 것이기 때문이다. 그가 죄를 사면받는 동시에 질병을 치료받아 건강하게 되어야 비로소 완전한 구원을 얻을 수 있다.[39]

로마 가톨릭교회는 죄인이 선행을 통해 믿음에 이른다고 가르친다.

---

39) *Pastoral Addresses*(New York: Robert Carter, 1853), p.309.

반면 개신교회는 믿음을 통해 선행을 하게 된다고 가르친다. 트렌트 공의회는, 만일 구원이 행위와 관계없이 무조건적으로 주어지는 것이라면 이신칭의 교리는 율법 폐기론이라는 자기만족의 의를 양산할 것이며, 결국 덕과 선행이 궁극적인 목적에 이르지 못할 것이라고 주장한다.

이에 대해 개신교회는, 오직 무조건적인 은혜로 의롭다함을 받은 신자는 선을 행하고 하나님께 영광을 돌리려는 경향을 지닌 자로 거듭난다고 주장한다. 믿음은 반드시 열매를 맺어야 한다. 루터는 이렇게 말한다. "그러므로 이제 오직 믿음만이 의롭다함을 얻게 하며, 믿음만이 모든 율법을 성취한다……믿음은 살아 있어 끊임없이 활동한다. 믿음은 결코 가만히 있을 수 없다."[40] 종교개혁자들과 그 계승자들은, 우리가 비록 믿음으로 의롭다함을 받는다 하더라도 우리의 믿음이 반드시 우리의 행위로 정당성을 인정받아야 한다(약 2:17 참고)고 주장했다. 그들은 종종 '믿음의 순종'(롬 16:26 참고)이라는 표현을 사용하면서 믿음이 순종에 이르고 순종이 믿음으로부터 나온다는 것을 강조했다. 바울은 "믿음으로 아브라함은 부르심을 받았을 때에 순종하여"(히 11:8)라고 말한다. 또 토마스 왓슨은 "믿음이 믿을 때는 마치 일을 하지 않는 것과 같고, 믿음이 일할 때는 마치 믿는 것같지 않게 일한다"[41]라고 말한다.

『웨스트민스터 신앙고백서』 11장 1,2항은 논박할 수 없는 성경적 근거를 제시하여 개신교의 칭의 교리를 간결하게 요약한다.

---

40) WA 69, 46, 20.
41) *A Body of Divinity*, p.151. 비교. Berkouwer, *Faith and Justification*, pp.195-196.

하나님은 효과적인 부르심을 받은 자들을 또한 값없이 의롭다 하신다(롬 8:30, 3:24 참고). 그들에게 의를 주입하심으로써가 아니라 그들의 죄를 용서하고 그들의 인격을 의로운 것으로 간주하여 용납하심으로써 의롭다 하신다. 또한 그들 안에서 이루어진 것이나 그들이 이룬 어떤 것 때문이 아니라 오직 그리스도 때문에 의롭다 하신다. 믿음 자체나 믿는 행위, 또는 다른 어떤 복음적인 순종이 그들의 의가 되는 것이 아니라 그리스도의 순종과 의가 그들에게 전가되어 의롭다함을 받는다. 부르심을 받은 이들은 그리스도와 그분의 의를 믿음으로 받아들이고 의존할 때 의롭다함을 받는다(롬 3:22-28, 4:5-8, 5:17-19; 고후 5:19,21; 딛 3:5,7 참고). 그 믿음은 그들에게서 나온 것이 아니라 하나님께서 주시는 선물이다(행 10:44; 갈 2:16; 빌 3:9; 엡 2:7,8 참고). 이와 같이 그리스도와 그분의 의를 받아들이고 의존하는 믿음은 칭의의 유일한 방편이다(요 1:12; 롬 3:28, 5:1 참고). 그러나 믿음은 의롭다함을 받은 사람 안에 홀로 있는 것이 아니라 언제나 다른 모든 구원의 은사들을 수반하며, 죽은 믿음이 아니라 사랑으로 역사하는 믿음이다(약 2:17,22,26; 갈 5:6 참고).

그러므로 칭의는 무엇보다도 전가 교리와 함께 가는 하나의 짝 개념이다. 칭의는 법정적(법적 또는 사법적) 용어로서 하나님의 주권적인 은혜의 행위이다. 즉, 하나님께서 유죄 선고를 받아 정죄를 당한 택함 받은 죄인에게 그리스도의 완전한 의를 전가하시고, 그리스도의 모든 공로를 근거로 죄인의 모든 죄책과 형벌을 사하고 영생을 수여하시며, 죄인으로 하여금 그리스도와 그분이 베푸시는 모든 은덕을 믿고 의지하게 하신다. 전가는 어떤 것을 다른 사람의 계정으로 이동시킴으로써 이익을 얻게 하는 것을 의미한다. 하나님은 은혜로 말미암아 그리스도의 완전한 의를 택함 받은 죄인에게로 옮기시고, 죄인의 모든 불의를 그리스도에게로 옮겨 의를 위해 치러야 할 대가를 온전히 다 지불하게 하셨다.[42] 이러한 상호 이동으로 말미암아 의롭다함을 받은 죄인은 하나님이 보실 때 마치 "죄가 전혀 없는 것처럼, 단 한 번도 죄를 지은 적이 없는 것처럼," 그리고 "그리스도께서 이루신 모든 순종을 다 이룬 자처럼" 간주된다(하이델베르크 교리문답60문 참고, 롬 4:4-6, 5:12-19; 고후 5:21 참고).[43]

② <u>로마 가톨릭교회는 죄인이 의롭게 되는 데는 그리스도의 의의 공로와 죄인 자신의 의가 혼합되고 잘 조화되어 나타나야 한다고 가르친다.</u>
'의롭게 하심'의 교리에 대해 서술하는 트렌트 공의회 16장은, 신자가 은혜와 협력하여 공로를 세울 수 있으며 의를 증대시킬 수도 있다고 역설한다. 또한 만일 신자가 마지막까지 인내한다면, 하나님께 더할

---

[42] Wilhelmus à Brakel, *The Christian's Reasonable Service*, trans. Bartel Elshout(Ligonier, Pennsylvania: Soli Deo Gloria, 1993), 2:375.
[43] 신적 전가 교리에 대한 다양한 성경적 증거에 대하여 다음을 참고하라. John Bunyan, "Justification by an Imputed Righteousness," *The Works of John Bunyan*(Marshallton, Delaware: National Foundation for Christian Education, 1968), pp.382-414.

나위 없는 선물을 받게 될 것이라고 말한다. 그러나 이것은 로마서 10장 3,4절에서 지적하는 바 유대인들이 저지른 것과 같은 실수이자 오류이다. 그들은 하나님 앞에서 자신의 의를 세울 수 있도록 도와주는 무언가를 자신 안에서 발견할 수 있다고 생각했다.

"하나님의 의를 모르고 자기 의를 세우려고 힘써 하나님의 의에 복종하지 아니하였느니라. 그리스도는 모든 믿는 자에게 의를 이루기 위하여 율법의 마침이 되시니라."

로마 가톨릭교회와 달리, 개신교의 신학은 그리스도의 공로적인 의에 그 어떤 인간의 의도 더해질 수 없다고 가르친다. 우리의 모든 행위들은 거룩하신 하나님 앞에서 조금도 공로가 될 수 없으며, 악취만 풍길 뿐이다(사 64:6 참고). 하나님의 사랑과 은혜의 달콤한 체험들도, 성령 하나님이 주시는 우리의 믿음도, 그리스도의 흠 없고 점 없는 완전한 의에 더해지는 공로가 될 수 없다. 영원히 효과적인 예수 그리스도의 의를 제외하고는 그 어떤 것도 하나님의 공의를 만족시킬 수 없다. 우리는 "그리스도 예수 안에 있는 속량으로 말미암아 하나님의 은혜로 값없이 의롭다하심을 얻은 자"(롬 3:24)이다(욥 25:4-6 참고).

로마 가톨릭교회는 의롭게 되는 데는 은혜와 행위가 모두 필요하다고 주장한다. 이를 준비하고 얻는 데 은혜와 행위가 모두 필요하다는 것이다. 트렌트 공의회는 신자가 공로를 세우는 데 은혜가 하는 역할을 강조하며, 자유의지와 내재하는 은혜로 말미암은 그 공로를 신자 자신의 참된 공로로 여겨야 한다고 강조한다. 반면, 성경과 개신교 신학은 칭의가 신자의 그 어떤 공로와도 상관없이 오직 하나님의 주권적 은혜로 말미암아 믿음을 통하여 발생한다고 역설한다(요 2:9 참고). 우리의 칭의의 궁극적인 토대는 오직 하나님의 주권적인 선택뿐이다.

"그러나 하나님의 견고한 터는 섰으니 인침이 있어 일렀으되 주께서 자기 백성을 아신다 하며 또 주의 이름을 부르는 자마다 불의에서 떠날지어다 하였느니라"(딤후 2:19).

칭의에 대한 하나님의 영원하신 경륜과 작정은, 그리스도의 속죄의 공로와 만족을 근거로 하는 하나님의 영원하신 은혜 언약을 통해 시행된다. 즉, 택함 받은 죄인이 오직 믿음이라는 은혜로만 받을 수 있는 속죄적 만족을 근거로 하는 하나님의 영원하신 은혜 언약을 통해 시행된다(롬 9,10장 참고).

③ <u>로마 가톨릭교회는 의롭게 하심의 정도가 다르다고 주장하며, 교회의 가르침에 무조건 복종하는 믿음을 주장한다.</u>

그러나 성경과 개신교 신학은 그렇게 가르치지 않는다. 의롭다함을 받든지 받지 못하든지, 은혜 아래 있든지 저주와 진노 아래 있든지, 둘 중 하나이다. 누가복음 18장 14절을 보면 세리는 의롭다함을 받고 집으로 돌아간 반면, 바리새인은 여전히 불의한 상태로 남아 있었다.

"내가 너희에게 이르노니 이에 저 바리새인이 아니고 이 사람이 의롭다 하심을 받고 그의 집으로 내려갔느니라. 무릇 자기를 높이는 자는 낮아지고 자기를 낮추는 자는 높아지리라 하시니라."

여기서 세리를 의롭다 한 믿음은 로마 교회가 가르치는 것처럼 무조건적인 믿음이 아니라, 개인적으로 구주 예수 그리스도를 신뢰하고 순전하신 하나님의 자비를 의지하는 믿음이다(눅 18:13 참고). 죄인은 하나님의 절대적인 은총을 근거로 하여 믿음으로 의롭다함을 받는다. 그것은 트렌트 공의회가 주장하는 것처럼 '죄인의 영혼 안에서 작동하는 어떤 자질이나 일련의 속성'이 아니다(트렌트 공의회 16장 참고).

④ 로마 가톨릭교회는 하나님의 은혜와 성례를 결합시킨다.

트렌트 공의회는 7장에서 '의롭게 하심'에 대해 설명하는데, 스콜라 철학의 용어를 사용해 (믿음이 아니라) 세례가 의롭게 하심의 도구적 원인이며, (전가된 의가 아니라) 개인적이고도 인격적인 의가 객관적 원인이라고 가르친다.[44] 트렌트 공의회에 따르면, 가시적인 교회 밖에서, 즉 가톨릭교회에서 세례를 받지 않고서는 절대 의롭게 될 수 없다. 그러나 이것은 성경의 가르침과 정반대될 뿐 아니라(눅 29:39-43 참고), 믿음으로 말미암아 그리스도와 즉각적인 관계를 맺는다는 것을 거부하는 것과 같다. 결국 로마 가톨릭교회는 성례가 그리스도와 죄인 사이에서 중보 역할을 하는 것을 허용한다. 성례적 체계는 종교적인 예식으로서, 자동적으로 은혜를 전달하는 방편으로서, 그리고 교회에서 중심되는 제도로서 매우 쉽게 그리스도를 대신하게 되었다. 구원의 조건으

---

44) 구원의 사중적 원인에 대한 스콜라주의 로마 가톨릭과 개신교의 견해에 대해서는 다음을 참고하라. Richard A. Muller, *Dictionary of Latin and Greek Theological Terms*(Grand Rapids: Baker, 1985), p.61.

로서 믿음 외에 다른 것을 더하는 것과 마찬가지로 이러한 모든 형태의 성례주의도 그리스도의 영광을 가린다.

개신교 신학은 오직 믿음만이 칭의의 도구적 원인이며, 외부적인 그리스도의 의, 즉 신자 밖에서 그에게 전가되는 의가 칭의의 공식적 원인이라고 설명한다. 말하자면, 하나님께서 이 의로만 죄인을 정당하게 의롭다 하실 수 있다는 것이다.

"하나님이 죄를 알지도 못하신 이를 우리를 대신하여 죄로 삼으신 것은 우리로 하여금 그 안에서 하나님의 의가 되게 하려 하심이라"(고후 5:21).

"곧 이때에 자기의 의로우심을 나타내사 자기도 의로우시며 또한 예수 믿는 자를 의롭다 하려 하심이라"(롬 3:26).

이처럼 오직 그리스도의 의만이 칭의의 객관적인 원인이라는 사실을 강조하고 보존하는 것은 매우 중요하다. 왜냐하면 성경의 모든 메시지가 한결같이 분명히 가르치는 바, 인간은 근본적으로 전적으로 타락한 존재요 그렇게 타락한 자연인 안에는 하나님의 판결을 감당할 만한 의가 전혀 없기 때문이다.

"다 치우쳐 함께 더러운 자가 되고 선을 행하는 자가 없으니 하나도 없도다"(시 14:3).

종교개혁자들에게 믿음이란 죄인이 인격적으로, 즉각적으로 오직 그리스도만을 신뢰하는 것을 의미했다. 이러한 믿음은 가시적 교회에 관해 한 번도 들어 본 적이 없는 죄인까지도 그리스도의 지체로 만든다. 구원에서 성례는 본질적인 것이 아니다. 그것은 제자도의 완성을 위하여 필요할 뿐이다.⁴⁵⁾ 성례는 믿음으로 받는 은혜의 표식이요 인침일 뿐, 절대 의롭다 하시는 믿음의 한 부분은 아니다.

만일 교회가 성례를 시행하는 주체이며 성례가 구원에 반드시 필요한 것이라고 한다면, 결국 교회가 구원을 베푸는 주체가 되고 만다. 만일 그렇다면, 로마 가톨릭교회가 그리스도를 대신한다는 궁극적인 오류에 이를 수밖에 없다. 결함 많은 로마 교회의 '의롭게 하심'의 교리 탓에 로마 가톨릭교회로 그리스도를 대신하는 오류를 범하게 되는 것이다. 그런데도 제2바티칸 공의회는 믿음으로 의롭게 된다는 교리에 관한 트렌트 공의회의 심각한 오류들을 단 한 번도 수정하거나 부인하지 않았다. 마틴 스미스(Martin Smyth)가 잘 지적하는 대로, 이런 잘못을 바로잡지 않는 한 "칭의 교리에 관하여 로마 가톨릭교회와 개혁주의 신학 사이에는 진정하고도 솔직한 협의가 이루어질 수 없다."⁴⁶⁾ 1994년 3월 29일에 40여 명의 복음주의자와 로마 가톨릭교도들은 『복음주의와 가톨릭의 연합: 삼천 년 시대의 선교』라는 문서에 서명하였다. 그러나 거기서도 그 차이점들을 설명하고 대책을 세우려 하는 것이 아니라 회피하려 할 뿐이었다.

---

45) John Murray, *Christian Baptism*(Grand Rapids: Baker, 1974), p.45.
46) "Differences between the Roman and Reformed Doctrines of Justification," *Evangelical Quarterly 36*(1964): 47.

> **고찰 5**
>
> 오늘날 현대 교회에는 알미니안주의와 율법 폐기론이 만연하고 있다. 오직 믿음으로 말미암는 성경적 칭의 교리는 알미니안주의와 율법 폐기론의 역사적, 교리적 오류를 어떻게 드러내는가?

알미니안주의는 믿음이 칭의의 근거 중 한 부분이라는 오류를 범하고 있다.[47] 알미니안 신학은 칭의 교리와 관련하여 조건적 예정과 조건적 믿음을 지지한다. 하나님이 믿을 사람을 선택하고 구원하신다는 것인데, 이것은 하나님과 사람 모두를 감쪽같이 속이는 주장이다. 존 오웬(John Owen)은 알미니안주의의 이러한 조건적 구원이 전적으로 잘못되었다고 비웃는다. 그는 알미니안주의자들의 주장을 "마치 앞을 보지 못하는 사람에게 그가 장차 눈을 떠서 보게 된다면 천 파운드를 주겠다고 약속하는 것과 같다"라고 하면서, 이러한 알미니안주의가 그리스도를 "반쪽짜리 중보자"로 만든다고 말한다. 왜냐하면 알미니안주의에 따르면, 그리스도가 구원이라는 결과는 이루지만 구원에 이르는 수단은 확보하지 못하기 때문이다.[48]

찰스 스펄전(Charles H. Spurgeon)은 이 점을 더욱 생생하게 묘사한다. 스펄전은 알미니안주의와 칼빈주의를 강을 건너는 두 개의 다리에 비

---

47) 다음을 참고하라. *The Works of James Arminius*, trans. James Nichols and W. R. Bagnall, 3 vols.(1825–1828; repr. Grand Rapids: Baker, 1956).
48) *The Works of John Owen*, 5:323. 다음을 참고하라. Belgic Confession, Article 22.

유한다. 알미니안주의라는 다리는 넓고 쉽지만, 강 건너편까지 확실하고도 안전하게 건너게 하지는 못한다. 즉, 자연인의 의지가 타락했기 때문에 스스로 그리스도를 믿는 믿음을 일으키지는 못하며, 따라서 하나님과의 영원한 교통에 이를 수 없다. 반면 칼빈주의라는 다리는 좁지만 그리스도 예수께서 구원과 칭의의 알파요 오메가가 되시기 때문에 강 끝까지 안전히 이를 수 있다.

알미니안주의는 희망적으로 '보이지만,' 그의 행동이 타락한 인간성에 따라 좌우되기 때문에 기대에 부응할 수 없다. 알미니안주의는 그리스도의 주 되심에 엎드리지 않으면서도 자신의 의지로 그리스도를 영접했다고 생각하는 수천수만의 영혼을 기만한다. 그들은 자신들의 삶의 열매가 그들이 영적으로 죽었다는 것을 증명하는데도 자신들이 구원 얻는 믿음을 소유했다고 착각한다. 반면 칼빈주의는 '희망적이다.' 왜냐하면 칼빈주의에서는 구원이 전적으로 그리스도의 충분하심과 구원 얻는 믿음을 수여하고 유지하시는 그리스도의 영의 역사에 달려 있기 때문이다.

궁극적으로 볼 때, 만일 우리가 칭의의 기초를 우리 자신의 믿음에 둔다면, 또는 우리 자신이 가진 어떤 것에 둔다면, 틀림없이 칭의의 실제적 근거가 무너지고 말 것이다. 즉, '나의 믿음이나 노력이 과연 충분한가'라는 괴롭고 당황스러우며 절망적인 물음이 계속될 수밖에 없을 것이다. 나의 믿음이 충분히 강한가? 나의 삶에서 은혜의 열매들이 충분히 풍성하게 나타나는가? 나의 체험들이 충분히 강하고 심원하며 분명하고 영속적인가? 이러한 물음 앞에 드러난 모든 불완전함과 불충분함이 나의 영적 생활의 토대를 흔들고 말 것이다. 내가 최고의 믿음을 가지고 있다 하더라도, 그것마저도 항상 부족할 수밖에 없다. 우리는 언제나 죄로 가득한 불경한 자들이며, 심지어 나의 믿음마저도 그럴 수밖에 없다. 그리스도가 아니라면, 우리의 최고 중의 최고라 할지라도 그저 "더러운 옷"(사 64:6)에 지나지 않는다.

너무나 많은 그리스도인들이 그들이 서 있는 반석과 그 반석 위에 서게 하는 믿음을 구분하지 못하여 끊임없이 낙담하고 실망한다. 믿음은 우리의 반석이 아니다. 그리스도만이 우리의 반석이 되신다. 우리의 믿음을 믿거나 믿음을 바라봄으로써 믿음을 얻는 것이 아니다. 우리는 그리스도를 바라볼 때 믿음을 얻는다. 그리스도를 바라보는 것이 바로 진정한 믿음이다.

완전한 믿음이나 위대한 믿음, 열매를 맺는 믿음, 강력한 믿음이 우리를 의롭다 하는 것이 아니다. 만일 우리가 우리의 믿음에 어떤 자격을 부여하기 시작한다면, 그것은 곧 복음을 파괴하는 것이다. 우리의 믿음은 약할 수도, 미숙할 수도, 두려워할 수도, 때로는 눈에 띄지 않을 수도 있다. 그러나 그것이 참된 믿음이라면, 그것이 바로 의롭다 하는 믿음이다(마 6:30 참고). 우리 믿음의 상태나 정도는 성화와 구원의 확신에는 영향을 끼치지만, 칭의에는 영향을 끼치지 않는다. 의롭다 하는 믿음은 믿음 자체의 상태나 정도와는 상관없이 우리를 그리스도와 연합하게 하며, 그분이 영광스럽게 성취하신 구원을 얻게 한다. 조지 다

우네임(George Downame)은 다음과 같이 말한다.

작고 약한 손이지만 만일 그 손이 고기를 집어 입에 가져갈 수 있다면, 그 손은 몸에 영양을 공급하는 일에 관하여 의무를 다하는 손이다. 왜냐하면 몸에 영양을 공급하는 것은 손의 힘이 아니라 고기에 있는 영양분이기 때문이다.[49]

우리는 오직 은혜로 말미암아 믿음으로 우리를 구원하시는 분이 그리스도라는 사실을 까맣게 잊은 채, 우리의 칭의를 확신하고자 자신의 믿음의 가치와 죄를 자각한 정도나 복음적 회개와 형제를 향한 사랑의 가치에 눈을 돌리는 경향이 있다. 호라티우스 보나르가 잘 진술하는 대로, "우리가 구원받는 것은 믿음의 강함 때문이 아니라 희생제사의 완전함 때문이다. 우리의 연약한 믿음도, 흐릿한 눈이나 두려움으로 떨리는 손도 우리의 번제물의 효력을 바꿀 수는 없다."[50]

그리스도는 어제나 오늘이나 영원토록 동일하신 만세반석이시다(히 13:8 참고).

이 몸의 소망 무언가
우리 주 예수의 보혈과 의뿐일세.

---

49) *A Treatise of Iustification*(London: Felix Kyngston, 1633), p.142.
50) *The Everlasting Righteousness*, p.23.

우리 주 예수 밖에는 믿을 이 아주 없도다.
굳건한 반석이신 그리스도 위에 내가 서리라.
다른 모든 땅들은 무너지는 모래 같도다.

또한 우리는 율법 폐기론 또는 극단적 칼빈주의적 경향을 확실하게 배격해야 한다.[51] 그들은 시간 역사 속에서 믿음으로 그리스도와 인격적으로 연합함으로써 이루어지는 실제적 칭의에 반대하며 영원 전에 칭의가 이루어졌다고 주장한다. 예를 들면, 아브라함 카이퍼(Abraham Kuyper)는 칭의를 단순히 우리가 영원 전에 이미 하나님에 의해, 그리고 그리스도의 부활 안에서 의롭다함을 받았다는 사실을 깨닫는 "의식적인 상태"라고 묘사하였다. 『도르트 신조』는 그런 견해를 배격한다. 윌리엄 개즈비(William Gadsby)와 필포트(J. C. Philpot)를 비롯하여 대부분의 엄밀한 침례교도들은 카이퍼와 비슷한 입장을 표명하였다. 즉, 신자가 시간 역사 안에서 의롭다함을 받는 것은 단지 성령의 증언을 통해 자신의 양심과 관련된 일이 일어나는 것일 뿐이라고 말하는 것이다. 이미 청교도시대에 율법 폐기론적 경향을 지닌 일부 인사들 사이에 이런 잘못된 견해가 존재하고 있었다. 토마스 굿윈은 이런 잘못된 견해에 대해 다음과 같이 말한다. "나의 양심의 법정에서 내가 의롭다함을 받는다고 말하는 것은 잘못이다. 바울과 다른 사도들이 의롭다함을 받았던 믿

---

51) 다음을 참고하라. Peter Toon, *The Emergence of Hyper-Calvinism*(London: The Olive Tree, 1967).

음은 그리스도를 믿는 믿음이었지, 그들이 이미 의롭다함을 받았다는 것을 믿는 믿음이 아니었다."[52]

신자가 시간 안에서 실제로 믿음으로 칭의를 받는 것이 아니라는 견해는 세 가지 중대한 난관에 부딪친다. 첫째, 그런 견해는 역사 안에서 그리스도의 의가 전가된다는 교리를 확실하게 증언하는 로마서 4장 6-8절과 정반대된다. 둘째, 만일 그 견해가 사실이라면 시간 자체가 아무 쓸모없는 것이 되어 버린다. 또한 중생 이전의 하나님의 백성이 "다른 이들과 같이 본질상 진노의 자녀"(엡 2:3)라는 것은 잘못된 가르침이 된다. 만일 믿음으로 말미암는 칭의가 죄인을 진노와 저주의 상태에서 은혜의 상태로 옮기는 것이 아니라 그저 영원 전에 얻은 칭의를 인식하고 깨닫는 것에 불과하다면, 이신칭의 교리의 적실성(relevance)이 모두 사라질 것이다. 셋째, 만일 믿음으로 말미암는 칭의가 시간 안에서 인격적으로 이루어지는 것이 아니라면, 죄에 대하여 죽고 그리스도에 대하여 살게 되는 칭의의 열매도 사소한 일이 되어 버릴 것이다. 바울은 "은혜를 더하게 하려고 죄에 거하겠느냐?"(롬 6:1)라고 진지하게 질문한다. 그는 로마서 6장에서 온 힘을 다해 율법 폐기론을 배격한다. 우리는 지금까지 참된 신자가 선한 행위를 하지 않을 수 없다는 사실을 설명하였다. 즉, 우리를 의롭다 하는 믿음은 행하는 믿음, 즉 역사하는 믿음이다.

---

52) *The Object and Acts of Justifying Faith*(repr. Marshallton, Delaware: National Foundation for Christian Education, n.d.), p.325.

"행함이 없는 믿음은 그 자체가 죽은 것이라"(약 2:17).

그렇다! 행함이 없는 믿음은 아프거나 죽어 가고 있는 것이 아니라 이미 죽은 것이다. 선한 행위가 뒤따르지 않는 믿음은 절대 구원 얻는 믿음이 아니다. 열매가 없는 그리스도인은 이름뿐인 그리스도인이다. 그리스도는 구원하실 뿐만 아니라 자신의 주권을 행사하신다. 율법 폐기론은 신자가 구원의 수단으로서의 율법의 요구로부터 자유함을 얻었기 때문에 율법을 완전히 무시해도 된다고 말한다(anti=반대, nomos=율법). 그러나 그러한 율법 폐기론과는 반대로, 그리스도는 율법의 정죄 아래 있었지만 이제 믿음으로 의롭다함을 얻고 구원받은 신자를 다시 율법으로 보내신다. 그리하여 하나님의 말씀에 순종함으로써 그리스도의 주 되심 아래 감사하며 율법을 지키게 하신다. 루터는 율법이 막대기와 같다고 말한다. "하나님은 처음에 나를 치기 위해 막대기를 사용하셨다. 그러나 나중에 나는 그것을 걷기 위해 짚는 지팡이로 사용한다."

오늘날 그리스도인들은 로마 가톨릭주의, 율법 폐기론, 알미니안주의, 현대주의라는 다양한 사상을 접하기 때문에, 이신칭의 교리가 너무나 자주 정당한 성경적 위치에서 밀려나곤 한다. 불행히도 알리스터 맥그래스가 지적하는 대로, "금세기는 칭의 교리를 인간이 '하나님 앞에서(*Coram Deo*)' 의롭다함을 받는다는 제한된 문제로 이해하기보다는 인간 존재의 의미에 대한 문제와 연관시키려는 경향을 보인다. 즉, 칭의 교리를 실존주의적으로 재해석하려는 것이다."[53] 그러나 칭의 교리 문제는 예외여야 한다. 이신칭의 교리가 복음 안에서 아무 조건 없이 선포된다면, 어떤 사람들은 "이것이야말로 위험한 가르침이 아닌가?"라고 질문할 것이다. 물론 어떤 의미에서 그들의 질문은 타당하다. 오직 믿음으로 말미암는 칭의 교리를 올바르게 이해하고 설교한다면, 복음의 배타성과 무조건성에 대항하려는 육적인 자연인의 타락성이 드러날 수밖에 없기 때문이다. 그래서 한편으로 "할 수 있다"는 적극적인 알미니안주의자들과 다른 한편으로 "하지 않겠다"는 소극적인 율법 폐기론자들이 이 교리를 왜곡하고, 결국 영혼을 파멸시키고 마는 것이다. 믿음을 구원의 조건으로 여길 때는 믿음이 지나치게 강조되는 반면(알미니안주의), 구원의 열매로서 사랑으로 역사하는 믿음을 부정할 때는 믿음이 평가 절하 된다(율법 폐기론). 우리는 행위와 협력하는 믿음(로마 가톨릭)으로, 우리 안에 있는 은혜의 행위인 믿음(알미니안주의)으로, 성령의 증거를 받는 것인 믿음(율법 폐기론)으로, 인간 존재의 의미와 관련된 믿음(현대 실존주의)으로 말미암아 사망에서 생명으로 옮겨지는 것이 아니다. 우리는 오직 믿음을 통해 받게 되는 그리스도의 의의 전가로 말미암아 사망에서 생명으로 옮겨진다.

오직 믿음으로 말미암는 칭의 교리는 소중하고도 중대한 교리로서, 성경적으로 선포되고 올바르게 균형을 이루어야 한다. 이 교리는 특정 교파에 속하거나 분파의 특성을 나타내는 교리가 절대 아니다. 칭의 교

---

53) *Iustitia Dei*, 2:185.

리는 단지 기독교의 여러 교리들 가운데 하나가 아니다. 칭의 교리는 복음의 핵심이며, 거룩하신 삼위일체 하나님의 영광스러운 복음의 총체이자 하나님 나라의 열쇠이다. 존 머리(John Murray)는 "믿음으로 말미암는 칭의 교리는 복음의 환희요 나팔이다. 왜냐하면 그것은 절망 속에 완전히 잃어버린 바 되어 오직 구속자의 은혜와 권세와 의 안으로 들어가는 것만이 유일한 소망인 가난한 자와 버림받은 자에게 복음을 선포하기 때문이다"라고 말했다.[54]

오늘날 우리가 살아가는 이 시대는 너무나 타락했고 절망적이다. 이런 시대 속에서 우리는 기도와 소망 가운데 성령의 능력으로 말미암아 이신칭의 교리를 성경적으로 다시금 선포하고 지켜야만 한다. 이 일이 매우 긴급하게 필요하다. 이것은 교회의 정체성, 기독교 신학의 본질, 복음의 선포뿐만 아니라 우리 모두를 위한 기독교 신앙의 성경적이고도 경험적인 토대와도 관련되어 있다. 루터의 표현대로, 칭의 교리는 아직도 여전히 "교회를 서게도 하고 넘어지게도 하는 교리(*articulus stantis et cadentis ecclesiae*)"일 뿐만 아니라, 우리 각 개인을 하나님 앞에서 서게도 하고 넘어지게도 하는 교리이다.[55] 오직 믿음으로 말미암는 칭의는 여러분과 내가 반드시 고백하고 경험해야만 하는 교리이다. 그것은 영원한 생명이냐 영원한 사망이냐 하는 것과 관계된 문제이다.

---

54) *Collected Writings of John Murray*(Edinburgh: Banner of Truth Trust, 1977), 2:217.
55) Johann Heinrich Alsted, *Theologia scholastica didactica*(Hanover, 1618), p.711; John H. Gerstner, *A Primer on Justification*(Phillipsburg, New Jersey: Presbyterian and Reformed, 1983), p.1.

The Nature of Justifying Faith

4

오직 믿음으로 말미암는 칭의
의롭다 하는 믿음의 본질

_존 거스너(John H. Gerstner)

    영원한 생명은 오직 그리스도에게만 달려 있다. 그 외에 다른 어떤 것도 영생을 좌우할 수 없다. 예정은 영생을 가져오지 않는다. 섭리도 영생을 가져오지는 못한다. 영생은 예지나 신적인 작정, 심지어 속죄 그 자체에도 달려 있지 않다. 영생은 곧 의롭다함을 받은 사람의 영혼 안에 그리스도가 그의 의로 내주하시는 것이다. 따라서 영생은 예수 그리스도와의 연합을 뜻한다. 그리고 예수 그리스도와의 연합을 나타내는 단어가 바로 믿음이다. 죄인은 그리스도에게로 와서 그리스도 안에서 안식을 누리며 그리스도를 신뢰하고, 그리스도와 하나가 되며 그리스도 안에 거한다. 이 연합은 끝이 없기 때문에 곧 영생이라고 할 수 있다. 그리스도와 연합된 영혼은 포도나무에 영원히 붙어 있다. 약함과 죄와 쉽게 죄를 짓는 성향도 절대 그를 그리스도에게서 떼놓지 못한다. 아버지께서는 오직 신자의 죄에 대해 징계(가지치기)하실 뿐이다. 그것조차도 그리스도와의 연합을 더욱 강하게 만든다.

바로 이것이 성경의 핵심이요, 복음의 핵심이며, 기독교의 핵심이다. 이것이 바로 성도의 심장이며, 주 예수 그리스도의 심장이다. 그리고 이것이 종교개혁의 핵심이다. 그러하기에 오늘날 어떤 개신교인들과 같이 이것을 인정하지 않는 자들과 연합하려 하는 것은 영적 자살행위와 같다. 예수 그리스도를 사랑하는 사람이라면 이러한 배교 행위에 동참할 수 없을 것이다.

믿음은 행위이지만 공로는 아니다

믿음은 예수 그리스도를 신뢰하는 것이요, 그리스도께로 나아가는 것이다. 믿음은 모든 걱정을 그리스도께 맡기는 것이다. '믿음(FAITH)'이라는 단어의 철자를 따서 믿음을 "나의 모든 것을 다 버리고 그리스도를 신뢰하는 것(Forsaking All I Trust Him)"이라고 정의한 옛 표현은 신학적으로 정확한 표현이다. 우리는 물고기(익듀스, *icthus*)로 형상화된 오래된 헬라어를 잘 알고 있다. 나는 믿음을 의미하는 헬라어 '피스티스(*pistis*)'라는 단어로 "타락한 나를 구주 예수 그리스도 앞에 맡기는 것(Polluted I Surrender To Iesus Savior)"이라는 새로운 말을 만들어 보았다. 로마서 4장 5절에서는 이것을 가장 탁월하게 설명한다.

"일을 아니할지라도 경건하지 아니한 자를 의롭다 하시는 이를 믿는 자에게는 그의 믿음을 의로 여기시나니."

이 한 구절이 오직 믿음으로 말미암는 칭의 교리를 얼마나 다양한 방법(일곱 가지 방법)으로 가르치는지에 주목하라.

① 의롭다함을 받은 자는 "일을 하지 않는다."
② 의롭다함을 받은 자는 "믿는다."
③ 의롭다함을 받은 자는 자신이 아니라 "하나님"을 믿는다.
④ 의롭다함을 받은 자는 자신이 "경건하지 않은 자"임을 고백한다.
⑤ 의롭다함을 받은 자는 자신의 믿음을 신뢰하지 않는다.
⑥ 의롭다함을 받은 자는 믿음이 오직 그에게 "주어진 것"임을 안다.
⑦ 의롭다함을 받은 자는 자신의 믿음이 "의로 여겨진 것"을 안다.

"빈손 들고 앞에 가 십자가를 붙드니(Nothing in my hands I bring, Simply to Thy cross I cling)"라는 찬송은 결코 과장된 표현이 아니다.

한 여자가 죄에 관한 나의 설교를 듣고서 나에게로 오더니 손가락을 일 인치 가량 벌린 채 말했다. "당신의 설교를 들으니 내가 꽤 대단한 사람으로 느껴져요." 나는 충격을 받고서 대답했다. "그것 지나치게 대단하네요. 정말 너무 지나치게 대단해요. 너무 대단해서 치명적이군요. 당신과 나는 부족한 사람들입니다. 우리뿐 아니라 타락한 모든 인류가 다 그렇습니다. 오직 믿음으로만 의롭다함을 받을 수 있을 뿐입니다."

여러분이 잘 알다시피, 믿음은 일종의 행위이지만 공로적 의미를 지닌 행위는 아니다. 공로적 의미에서 보자면, 믿음은 효력이 없으며 무가치하다. 그러나 로마 가톨릭교회에 따르면, 그러한 행위들은 가치 없는 것이 아니라 영원한 생명을 얻을 만한 가치와 효력을 가진다. 로마 가톨릭교회는 그러한 행위들을 완벽하게 행한 사람들에게 영원한 천국에 들어갈 자격을 부여한다.

한때 나는 어느 컨퍼런스에서 이 주제에 대해 로마 가톨릭교회의 사제와 논쟁을 벌인 적이 있다. 그런데 그는 자신과 자신의 동료들이 행위를 얼마나 중요하게 생각하는지 인정하기를 꺼려하는 것 같았다. 당시 방청객들은 대부분 개신교 신자들이었다. 나는 그가 복음주의자들 앞에서 자신의 선한 행위를 자랑할 수 있었을 것이라고 생각했다. 내가 서류 가방에서 슈뢰더(Schroeder)의 「트렌트 공의회의 규범과 법규」(Canons and Decrees of the Council of Trent)를 꺼내 행위가 천국에 들어갈 수 있는 자격을 부여한다고 밝히는 부분을 읽기 전까지, 그는 구원에 관하여 로마 가톨릭이 주장하는 선한 행위에 관한 교리를 변호하지 않았다. 내가 그 문서를 읽자 그제야 그는 로마 가톨릭에서 선행을 얼마나 중요하게 여기는지를 인정했다.

로마 가톨릭주의자들은 그들이 "오직 은혜로(*sola gratia*)"라는 교리를 가르친다고 매우 자주 말하면서 개신교를 조롱했다. 그들은 또한 로마 가톨릭주의자들이 할 수 있는 것보다 훨씬 더 복음적으로 보이려 함으로써 자신을 기만하기도 한다. 가톨릭주의자들의 가르침에 따르면, 그들은 은혜로부터 흘러나오는 행위로 말미암아 구원을 얻는다. 즉,

그들을 구원하는 것은 은혜가 아니라 은혜로부터 흘러나오는 행위이다. 만일 어떤 사람이 은혜로 구원받는다고 믿는다면, 그는 개신교인이며 우리에게 속한 자이다. 반면 그가 복음적 구원의 길을 믿는다고 하면서도 은혜로 말미암는 구원을 정직하게 고백하지 못한다면, 그는 잘못된 교회에 속한 사람이다. 정직하지 못한 자는 절대로 구원받을 수 없다. 우리는 개신교인이든 가톨릭교인이든 둘 중 하나일 것이다.

내가 목회하는 지역에서 어떤 개신교 목사들은 나에게 "신부 조(Father Joe)"라는 사람에 대해 들려주었다. 그는 그 지역 전체에서 가장 복음적인 목사라고 일컬어진다. 그러나 나는 그 말이 사실이라면, 그야말로 그 지역에서 가장 정직하지 못한 사람이라고 생각한다. 오늘날 우리 주위에는 로마 가톨릭주의자들을 연합해야 할 동료 복음주의자로 여기는 개신교도들이 많다. 그러나 그들이 복음주의라는 단어의 의미를 조금이라도 안다면, 그렇게 주장할 수 없을 것이다. 그들은 진정한 의미에서 그리스도인이라고 할 수 없으며, 복음주의자나 로마 가톨릭주의자는 더욱 아니다. 그리스도인은 모든 사람 앞에서 정직한 일을 도모해야 한다(롬 12:17 참고). 상표를 보면 그 내용물이 무엇인지를 알 수 있다. 이 세상에서의 생명에 관한 약병을 보고도 그 내용물이 무엇인지 알 수 있다면, 영생에 관한 약병은 더욱 그러하지 않겠는가! 그 약병 안에는 우리 구주 예수 그리스도의 복음이 담겨 있어야만 할 것이다.

복음주의는 예수 그리스도의 의가 신자에게 (주입되는 것이 아니라) 전가된다고 가르친다. 따라서 성경은 우리를 구원하는 믿음이 공로적인 행위가 될 수 없다고 가르친다. 믿음 자체에는 그 어떤 영적인 가치도 없다. 엄밀히 말하자면, 참된 기독교회는 믿음으로 말미암아 의롭다함을 얻는다고 가르치지 않는다. 참된 기독교회는 그리스도로 말미암아 의롭다함을 얻는다고 가르친다.

그렇다면 믿음은 어떤 역할을 하는가? 믿음은 단순히 우리를 주 예수 그리스도와 하나로 묶고 연합하게 한다. 신자는 그리스도와 혼인한 신부로서, 그리스도의 모든 것이 자신의 것이 된다. 아내는 단순히 결혼을 통하여 남편의 아내가 되고, 남편과 연합함으로 말미암아 남편이 가진 모든 것의 공동 상속인이 된다. 그녀가 그의 아내라는 사실만 있으면 충분하다. 여기에는 다른 덕목이나 공로가 필요 없다. 아내는 단순히 결혼 관계를 통해 그 모든 것을 자신의 것으로 소유하게 된다. 결혼 자체는 어떤 상급을 받을 만한 덕행이 아니다. 다만 결혼을 통해 성립된 남편과의 관계로 말미암아 남편의 소유가 모두 따라오는 것이다.

바로 이것이 "여기다" 또는 "전가하다" "소유로 돌리다"라는 말이 가진 의미이다. 의롭다함을 받는 사람은 "일을 아니할지라도 경건하지 아니한 자를 의롭다 하시는"(롬 4:5) 하나님을 신뢰한다.

이런 점에서 볼 때, 나는 토마스 아퀴나스(Thomas Aquinas)를 개신교도로 분류한다. 아퀴나스는 바울이 로마서 4장 5절에서 가르치는 것과 마찬가지로 경건하지 못한 자 또는 악인의 칭의(*justificatio impii*)에 대해 가르친다. 만일 악인이 의롭다함을 받는다면, 그것은 결코 그의 행위나 '행위로서의' 믿음으로 말미암은 것이 아니다. 그것은 오직 예수 그리스도로 말미암는 칭의이다. 그리스도의 신부로서 신자는 그리스도께서 자신의 백성을 위해 모든 의를 이행함으로써 성취하신 그분의 의를 소유하게 된다.

어떤 로마 가톨릭주의자들은 자신들도 동일하게 은혜로 말미암는 의롭게 하심, 즉 그리스도의 의로 의롭게 된다고 가르친다고 주장한다. 그러나 그들이 주장하는 그리스도의 의는 신자에게 전가되고 주어지며 신자의 것으로 여겨지고 그의 소유가 되는 그리스도의 의가 아니다. 그들이 주장하는 의는, 그리스도가 신자의 삶에 넣으시는 의, 또는 신자의 삶과 행위에 주입하시는 의이다. 즉, 그것은 그리스도의 의가 아니라, 하나님의 은혜로 말미암아 신자가 스스로 수행하는 신자의 의이다.

그러나 신자를 의롭다 하는 의는 그리스도의 의이지 신자 자신의 의가 아니다. 그것은 그리스도께서 성취하신 것이지 그리스도인이 성취하는 것이 아니다. 그것은 전가된 의이지 주입된 의가 아니다. 그것은 하나님의 선물이지 인간의 업적이 아니다. 이 두 가지의 의는 모든 면에서 서로 다르다.

지난 450년 동안 이렇게 서로 다른 두 의는 "오직 믿음으로 말미암아 구원을 얻는다는 개신교주의냐, 아니면 행위로 말미암아 구원을 받는다는 로마 교회냐" 하는 표현으로 대중에게 주장되어 왔다. 이런 표현은, 치명적으로 중요한 이 두 견해 사이의 차이점들을 정확히 진술한 것은 아니다. 그러나 그것은 또한 분명한 사실이다. 즉, 개신교는 그리스도께서 나를 구원하실 것을 믿는 반면, 가톨릭은 그리스도께서 나를 도와 구원받게 하실 것을 믿는다. 결국 이것은 믿음이냐 행위이냐 하는 문제이다. 하나님의 영은 로마서 4장 16절에서 다음과 같이 말한다.

"그러므로 상속자가 되는 그것이 은혜에 속하기 위하여 믿음으로 되나니 이는 그 약속을 그 모든 후손에게 굳게 하려 하심이라. 율법에 속한 자에게뿐만 아니라 아브라함의 믿음에 속한 자에게도 그러하니 아브라함은 우리 모든 사람의 조상이라."

즉, '은혜에 속하기 위하여 믿음으로 되는 것'이다.

만일 로마 가톨릭주의자들이 오직 은혜로 구원받기를 원한다면, 그들은 오직 믿음이라는 길만을 추구해야 할 것이다. "은혜가 은혜 되기 위하여 오직 믿음으로만 약속이 이루어진다." '오직 믿음으로(sola fide)'가 없이는 '오직 은혜(sola gratia)'로 구원받을 수 없다. 은혜로 구원받고자 하는 모든 로마 가톨릭교도들은 반드시 믿음으로 말미암아 구원받아야 하며, 결국 우리와 같은 길을 가야만 한다.

우리는 로마 가톨릭주의자들도 구원받기를 바란다. 우리는 토론이나 논쟁에서 승리하기를 원하는 것이 아니다. 우리는 잃어버린 영혼을 구원하기를 원한다. '오직 믿음'만이 은혜로 구원받는 유일한 길인데도 그에 대항하는 깃발을 쳐들다니, 이 얼마나 슬픈 일인가! 우리는 구원이 은혜로 말미암는다는 로마 가톨릭 친구들의 말에는 동의한다. 그러나 구원이 은혜로 말미암기 위해서는 그것이 반드시 믿음으로 말미암아야만 한다. 만일 구원이 은혜에서 흘러나오는 행위에 근거한다면, 그것은 결국 은혜가 아니라 은혜로부터 흘러나오는 그리스도인의 행위에 근거한 것이 되고 만다. 은혜에서 흘러나오는 행위는 은혜를 증명하는 것일 뿐, 결코 은혜 자체는 아니다. 그것은 은혜에서 흘러나오고 파생된 결과이지만, 은혜와 동일시될 수는 없다. 믿음은 우리의 의와 은혜요 구원이 되시는 그리스도와 우리를 단순히 연합하게 한다. 고린도전서 1장 30절을 읽어 보자.

"너희는 하나님으로부터 나서 그리스도 예수 안에 있고 예수는 하나님으로부터 나와서 우리에게 지혜와 의로움과 거룩함과 구원함이 되셨으니."

그리스도께서 우리의 의, 우리의 거룩, 우리의 구원이 되셨다는 말이다. 그리스도는 우리의 의이시다. 우리의 의는 그리스도의 의로 말미암아 발생하는 결과가 아니라, 그리스도의 의 그 자체이다.

믿음은 행위가 아니지만 언제나 행위를 동반한다

로마 가톨릭주의자들은 언제나 개신교를 율법 폐기론자로 못 박으려고 시도해 왔다. 종교개혁 이후 "칭의는 오직 믿음으로 말미암지만, 홀로 있는 믿음은 아니다"라는 표현이 사용되어 왔다. 그러나 로마 가톨릭주의자는 도무지 이런 표현을 이해할 능력이 없는 자들처럼 보인다.

만일 로마 가톨릭의 비난과 고소가 참된 것이라면, 그것은 참으로 치명적인 결과를 낳을 것이다. 만일 개신교 신학이 죄인이 경건해지지 않고서도 구원받을 수 있다고 주장하는 것이라면, 그것이야말로 의심할 여지 없이 파멸적인 거짓말일 것이다. "예수님"은 자신의 백성을 죄를 지닌 채가 아니라 죄에서(죄로부터) 구원하신다. 또한 우리의 죄책에서 우리를 구원하실 뿐만 아니라 죄의 지배적인 권세로부터 우리를 구원하신다. 만일 신자가 변화되지 않는다면, 그는 결코 신자가 아니다. 예수님을 주님으로 모시지 않고서는 절대로 단 한 순간도 그리스도를 구세주로 소유할 수 없다. "칭의는 오직 믿음으로 말미암지만, 홀로 있는 믿음은 절대 아니다"라는 말은 아무리 강조해도 지나치지 않을 것이다. 즉, 칭의는 '역사하는 믿음'으로 말미암는다.

그렇다면 로마 가톨릭은 왜 수세기 동안 계속해서 '오직 믿음으로 말미암는 칭의'에 대해 거짓되게 가르치고 있는가?

첫째, 로마 교회는 행함이 없는 믿음이 죽은 것임을 알기 때문이다.

둘째, 로마 교회는 개신교가 행함과 '별개인' 믿음으로 말미암는 칭의를 가르친다고 잘못 이해하기 때문이다.

셋째, 개신교회가 말하는 "행함과 별개"라는 것은 '실제로 행함이 없다'는 의미가 아니라 '행함이라는 공로와 별개'라는 의미이지만, 로마 교회가 여기에 올바로 귀를 기울이지 않기 때문이다.

넷째, 로마 교회는 일부 개신교 신학을 올바로 이해하지 못하는 개신교 사람들이 가르치는 바 "관대한 믿음(easy-believism)"[1]에 귀를 기울이기 때문이다.

---

[1] 역자주 – '이지 빌리비즘(Easy Believism)'은 '손쉬운 믿음, 쉬운 믿음, 안이한 믿음, 안일한 믿음, 편의주의 믿음' 등으로 다양하게 번역될 수 있다. 이것은 그저 믿기만 하면, 심지어 교회에 나오기만 하면, 도덕률로서의 계명과 율법에 순종하며 경건한 삶을 살지 않아도 구원받을 수 있다는 값싼 복음의 일면이다. 이 용어에 대한 통일된 명칭은 없는 것으로 보인다. 여기서 역자는 이것을 "관대한 믿음"으로 번역하였다.

다섯째, 로마 교회는 그 "관대한 믿음"이야말로 개신교를 공격할 수 있는 압도적인 논증이라는 것을 잘 알고 있기 때문이다(만일 실제로 개신교가 "관대한 믿음"을 주장한다면, 그것이야말로 개신교 신학을 심각하게 공격할 수 있는 논증이 될 것이다).

그러므로 행함이 아니라 오직 믿음으로 의롭다함을 받는다는 개신교의 성경적 교리가 무슨 의미인지를 다시 한번 설명하고자 한다. 하나님께 의롭다함을 받는 것은 행함이라는 공로와는 전혀 관계가 없다. 이것은 행위가 전혀 존재하지 않는다는 의미가 아니다. 다만 행위라는 공로를 배제한 칭의를 가르칠 뿐이다. 반면 '관대한 믿음'은 행위가 전혀 존재하지 않는 칭의를 가르친다. 그러나 행위의 실재를 부인하는 믿음은 죽은 것이다. 즉, 행위가 없는 믿음은 율법 폐기론이다. 그리고 반대로 행위를 공로로 인정하는 믿음은 율법주의(Legalism)이다.

침례교 신학자인 스트롱(A. H. Strong, 1836-1921)은 기관차, 객차, 그리고 접합연결기의 비유를 사용한다. 객차를 움직이는 모든 힘(동력)은 기관차에 있으며, 접합연결기는 아무런 힘이 없다. 그러나 모든 힘을 가지고 있는 기관차라도 접합연결기가 없이는 단 한 대의 객차도 움직일 수 없다.

어떤 의미에서 칭의는 행위로 말미암는다

'오직 믿음으로 말미암는 칭의'라는 표현은 확실히 성경적인 진리이다. 그러나 인간의 본성은 여기에 무언가가 결핍되어 있다는 의식을 불어넣음으로써 우리를 괴롭힌다. 힌두교는 이것을 '카르마(Karma, 업보, 숙명)' 또는 '행위의 법'이라고 부른다. 내가 스트라이크를 쳐야만 하는 볼링 경기에서 공을 잘못 쳐 양 옆에 핀을 몇 개 남겨 두면, 나의 한 친구는 "자네는 할 일을 제대로 하지 못하는군"이라고 놀린다. 신명기는 "너의 죄가 너를 찾을 것이다"라고 말한다. 그리고 헤겔(Hegel)은 세상의 역사(Geschichte, 게쉬히테)를 곧 '세상에 대한 심판(Gericht, 게리힛)'이라고 일컫는다. 신의 맷돌은 더디게 돌아가지만, 결국 모든 것을 확실히 가루로 만들어 버린다. 즉, 하늘의 응보가 때로는 더딘 것 같지만, 심판의 때가 반드시 온다는 말이다.

어떤 면에서 보면, 오직 믿음으로 말미암는 칭의는 우리의 마음속에 새겨진 도덕적 관념, 즉 각 사람이 어떤 방법으로든 반드시 자신의 악한 행위에 대해 대가를 치러야 한다는 관념을 깨뜨리는 것처럼 보인다. 그러나 죄인은 자신이 받아야 할 형벌을 결코 면할 수 없다. 하나님은 절대 사람을 차별 대우 하시지 않는다. 도덕적 존재는 편애하지 않는다. 정의는 차별이 없다.

오직 믿음으로 말미암는 칭의는 이 원리에서 벗어나지 않는다. 그 원리를 깨기는커녕 더욱 확고히 한다. 기독교에서 천국은, 조나단 에드워즈가 "악인을 파멸시키시는 하나님의 공의"라고 부르는 것보다 훨씬 더 공의롭게 얻어진다.

지금까지 설명한 것들이 '예수 그리스도의 전가된 의'라는 개념에도 암시되어 있다. 이것을 좀 더 분명하게 정리해 보자. 예수 그리스도는 택함 받은 죄인을 대신하여 형벌을 당하셨다. 죄인이 마땅히 받아야 할 하나님의 강렬한 진노를 죄인의 대속자가 온전히 받으신 것이다. 그런데 자신의 대속자 안에서 죄인이 당한 이 형벌은 죄인이 지옥 가운데서 영원히 당해야만 했던 형벌보다 더 큰 것이었다. 왜냐하면 죄인의 대속자이신 그리스도는 "신성의 모든 충만이 육체로 거하시는" 분이기 때문이다(골 2:9 참고). 하나님은 무한하고 영적이며 불변하시는 영원한 본성을 가지고 계시므로 죽으실 수 없다. 그런데 그런 하나님께서 자신의 신성과 연합된 참된 인성 안에서 죽으셨다. 자신의 백성이 거룩하고 의로우신 하나님의 손에서 절대 고통당할 필요가 없도록 참된 고난과 죽음을 당하신 것이다. 자비와 진리가 완전한 공의 가운데 서로 입 맞추며 확실히 조화를 이루게 되었다.

그러므로 죄인은 형벌을 받았다. 그 어떤 죄인도 하나님의 공의를 피할 수는 없다. 예수 그리스도께서 대신 고난을 당하고 피를 흘리며 죽으심으로써 그분의 백성들의 죄가 모두 처벌을 받게 되었다. 그리스도께서 십자가 위에서 음부로 내려가심으로써 그분이 대신하여 죽은 사람들이 하늘로 올라가게 되었다. 그들은 그리스도와 함께 음부에 내려갔고, 또한 그리스도와 함께 천국에 올라갈 것이다. 이것이 바로 순전한 은혜요 동시에 완전한 공의이다.

신학자들은 종종 하나님이 지옥에서는 공의를, 천국에서는 자비를 나타내신다고 말하곤 한다. 그러나 사실상 하나님은 지옥에서보다 천국에서 더 큰 공의를 나타내신다. 일시적인 지옥에서는 지옥에 떨어진 자들이 충분히 고통을 당할 수 없기 때문에 지옥은 반드시 영원해야 한다. 마찬가지로 일시적인 천국에서는 구속받은 백성들이 구세주가 그들을 위해 값 주고 사신 복락들을 완전히 받을 수 없기 때문에 천국도 영원해야 한다. 아직 출판되지 않은 에드워즈의 설교 중에 마가복음 9장 44절(성경에는 '없음'으로 되어 있다)을 본문으로 한 것이 있다. 에드워즈는 거기서 "하나님이 참되신 것만큼이나 확실히 지옥의 비참함도 끝이 없을 것이다"라고 통렬하게 말한다. 여기에 덧붙여 "하나님이 참되신 것만큼이나 틀림없이 천국에서의 기쁨도 끝이 없을 것이다"라고 할 수도 있다.

예수님께서 이 모든 일을 이루셨다. 그분은 자신의 보혈로 값 주고 이것들을 사셨다. 모든 그리스도인들은 성자 중의 성자이면서도 자신을 죄인 중에 괴수(딤전 1:15 참고)로 불렀던 사도 바울과 함께 이렇게 고백할 수 있을 것이다.

"내가 그리스도와 함께 십자가에 못 박혔나니 그런즉 이제는 내가 사는 것이 아니요 오직 내 안에 그리스도께서 사시는 것이라. 이제 내가 육체 가운데 사는 것은 나를 사랑하사 나를 위하여 자기 자신을 버리신 하나님의 아들을 믿는 믿음 안에서 사는 것이라"(갈 2:20).

칭의는 궁극적으로 행위로 말미암는다. 바로 예수 그리스도의 행위 말이다! 의롭다함을 받은 죄인에게는 예수님의 행위가 마치 그들의 행위인 것처럼 여겨진다. 그리스도는 자신의 행위가 하나님의 백성들이 구속자 안에서 행한 행위인 것처럼, 자신의 행위로 자기 백성들을 의롭다 하신다.

또한 그리스도는 자신의 행위를 통해 스스로를 의롭다 하셨다. 디모데전서 3장 16절에서 말하는 대로, 그리스도는 성령에 의해 의롭다하심을 받으셨다. 로마서 4장 25절은 다음과 같이 말한다.

"예수는 우리가 범죄한 것 때문에 (죽음에) 내줌이 되고, 또한 우리를 의롭다 하시기 위하여(칭의 때문에) (생명으로 다시) 살아나셨느니라."

그리스도의 살아나심, 즉 부활은 그분의 구속 사역이 성공했다는 것을 보여 준다.

"성결의 영으로는 죽은 자들 가운데서 부활하사 능력으로 하나님의 아들로 선포되셨으니 곧 우리 주 예수 그리스도시니라"(롬 1:4).

부활은 부활한 누군가가 하나님의 아들임을 증명하는 것이 아니다. 왜냐하면 모든 죽은 자들이 마지막 심판의 날에 부활할 것이기 때문이다. 그리스도께서 죽음에서 살아나신 것은, 그분이 신적인 구주라는 것을 증명하며, 그분의 구속으로 말미암아 그분이 위하여 죽으신 자들이 칭의를 얻게 되었다는 것을 증명한다. 이것은 죄를 사하기 위해 흘리신 주님의 참된 보혈로 성취된 새 언약이다. 그리스도는 모든 의를 성취함으로써, 자신뿐만 아니라 자신의 백성들을 모두 의롭다 하셨다. 그러하기에 그리스도는 죽음에서 부활하셨으며, 자신과 포로 된 자들을 사로잡아 하나님의 나라로 인도하시려고, 자신의 기차에 태우실 자신의 백성들을 위하여 영광 가운데 승천하셨다. 그리스도인을 의롭다

하시기 위해 주 예수 그리스도가 자신의 죽음과 자기 백성들의 죽음을 이기고 죽음에서 부활하셨다. 할렐루야! 아멘, 아멘! 칭의는 행위로 말미암는다! 즉, 예수 그리스도의 행위로 말미암는다. 그리고 그분의 백성들은 믿음으로 그분의 행위를 자신의 것으로 받아들인다!

칭의 이후에 나타나는 믿음의 행위로 상급을 받는다

"그날에 기뻐하고 뛰놀라. 하늘에서 너희 상이 큼이라. 그들의 조상들이 선지자들에게 이와 같이 하였느니라"(눅 6:23).

신자에게는 믿음의 행위에 따르는 상급이 있을 것이다. 위대한 상급 말이다!

그렇다면 로마 가톨릭주의자들은 과연 옳은가? 행위로 말미암는 상급이라니? 그 행위로 말미암아 신자가 구원을 얻는 것인가?

우리 구주 예수 그리스도는 믿음의 행위에 따르는 상급에 대해 분명히 가르치신다. 이것은 의심할 여지 없는 사실이다. 또한 행위로 의롭게 된다는 로마 가톨릭교회의 교리가 아니라, 오직 믿음으로 의롭다함을 받는다는 개신교의 칭의 교리가 참되다는 점도 의심할 여지가 없다. 그런데 여기에는 약간의 설명을 덧붙여야 할 듯하다.

첫째, 행위에 대한 상급이 있다는 말씀은 행위로 의롭게 된다는 로마 가톨릭교회의 교리와는 다르다. 그리스도인의 행위들은 불완전해서 의롭게 되는 데 아무런 공헌도 할 수가 없다. 설령 그것들이 완전하다 할지라도 의롭게 되는 데 공로가 될 수 없다.

둘째, 이 세상에서 행한 불완전한 행위에 대해 천국에서 상급을 받게 되리라는 말씀은, 행위와 관계없이 오직 믿음으로 의롭다함을 받는다는 개신교의 칭의 교리와 완벽히 일치한다. 불완전한 행위들(심지어 완전한 행위라 할지라도)은 절대로 죄를 사하거나 의롭다함을 얻게 할 수 없다. 그러나 불완전한 행위들이라도 우리 주 예수 그리스도께서 약속하신 대로 천국에서 상급을 얻는 데는 유용하게 사용될 수 있다. 심지어 예수님의 이름으로 시원한 물 한 잔을 베푼 행위조차도 영원한 상급을 얻게 한다. 왜 그러한가?

그리스도인들은 매우 합당한 이유로 그들의 모든 '선한' 행위들에 대해 상급을 받게 될 것이다. 다만 칭의 이후에 행한 선한 행위들은 천국에 들어가기 위해 필요한 것이 아니다. 왜냐하면 예수 그리스도께서 믿음으로 말미암아 그리스도 안에 있는 사람들을 위해 이미 천국을 확보하셨기 때문이다. 행위들은 고백한 믿음이 진정한지를 증명하기 위해 필요한 것이지, 천국을 얻기 위해 필요한 것이 아니다.

그런데 만일 당신이 원한다면, 그 행위들은 진짜 공덕이 된다. 물론 누구든지 천국에 들어가는 것은, 그것이 어떤 종류의 공로이든 자기 자신의 순종의 행위와는 관계없이 오직 그리스도의 행위로만 말미암는다. 믿음이 행함과 관계없이 존재한다면, 신자는 단 하나의 선한 행위 없이도 천국에 갈 수 있다. 그렇다면 그는 자신이 행하는 공로가 티끌만큼도 없이 천국에 가는 것이다. 그러나 칭의 이후에 그가 행하는 모든 선한 행위들은 공로가 되며, 천국에서 상급을 받게 한다.

당신은 아마도 "그러나 칭의 이후의 행위들도 그 가운데 죄가 있으므로 상급을 얻는 데 조금도 공헌할 수 없다"라고 항변할 수도 있다. 그러나 그것은 그들의 죄책이 제거되었다는 것을 잊고서 하는 말이다. 더욱이 아무리 하나님이라도 상급을 받을 수 없는 자에게 상급을 베푸실 수 없다고 말함으로써 하나님의 공의에 반박하는 것인가? (나는 과거에 "은혜의 상급"이라는 모순 어법을 사용했던 나와 어거스틴의 실책을 고백하는 바이다).

결론적으로, 믿음은 그리스도와 연합하는 것으로서 영원토록 의롭다 하시는 그리스도의 의를 소유하게 한다. 참된 믿음은 선행과 떼려야 뗄 수 없는 관계에 있다. 선행이 비록 칭의에는 아무런 공헌도 하지 못하더라도 말이다. 행위는 천국에 들어가는 데는 필요 없지만(천국은 오직 그리스도의 공로로만 얻을 수 있다), 공로로서 인정받게 될 것이다. 그리스도인의 가장 연약한 행위를 비롯하여 모든 행위들이 천국에서 영원한 상급을 받기에 합당하다고 인정받게 될 것이다. 그리고 그로 인해 그리스도인은 기쁨으로 뛰놀 것이다.

독자들이여, 믿음을 위해 하나님을 추구하라. 하나님이 당신을 찾으실 때 우리 주님의 공로가 더욱 풍성히 임하기를 원한다.

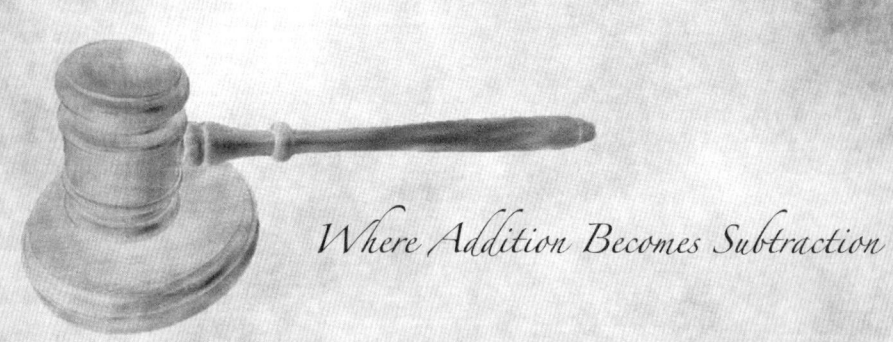
Where Addition Becomes Subtraction

5

오직 믿음으로 말미암는 칭의
더하는 것이 오히려 결함이 되다

_돈 키슬러(Don Kistler)

'오직'이라는 한 단어가 교회 역사 가운데 불러일으킨 분쟁이 어느 정도인지를 이해하는 것은 어려운 일이다. 그러나 이것은 성경적 기독교와 그와 유사한 모든 거짓 종교를 구별하는 궁극적인 차이이다. 역사 속에는 궁극적으로 오직 두 종류의 신학만이 존재한다. 하나는 하나님이 성취하신 신적 성취의 신학이며, 다른 하나는 인간이 성취한 인본주의적 신학이다. 역사상 존재했던 모든 종교와 신학의 모든 체계들은 예외 없이 이 두 가지 신학의 범주 중 하나에 속할 수밖에 없다.

누구든지 '구원을 받는' 자는 오직 그리스도로 말미암아 구원을 받는다. 우리 가운데 그 누구도 믿음 자체가 우리를 구원한다고 말하지 않는다. 명백하게도 믿음은 어느 누구도 구원하지 못한다. 왜냐하면 믿음이 우리를 위해 십자가에서 죽은 것이 아니며, 그 믿음이 우리의 죄를 대속한 것도 아니기 때문이다. 믿음에는 하나님 아버지께 드릴 만한 온전하고도 완전한 공로가 없다. 실상 믿음에는 그 어떤 공로도 없다. 이러한 공로의 문제가 바로 이 논의의 핵심이다. 사람이 오직 믿음으로 의롭다하심을 얻는다고 말할 때, 그것은 그 사람이 오직 그리스도의 인격과 사역만을 믿고 신뢰할 뿐, 그 외에 다른 어떤 것에도 믿음을 두지 않는다는 것을 의미한다. 그는 그리스도께서 자신을 구원하실 것을 믿으며, 그리스도의 인격과 사역 외에 그를 구원할 다른 존재나 방법을 전혀 더하지 않는다. 사도 바울의 말을 빌리자면, 그는 '육체를 신뢰하지 않는' 사람이다(빌 3:3 참고). 그런 사람은 이렇게 고백한다. "나에게는 내세울 것이 하나도 없고 내 안에 아무것도 없으며, 내가 지금까지 행한 것도, 앞으로 행할 것도 아무것도 없다. 또한 나에게는 그리스도께서 나를 위해 행하신 일에 더할 만한 것이 티끌만큼도 없다. 만일 내가 의롭다함을 얻고 구원을 받는다면, 그것은 진직으로 그리스도께서 나를 위해 행하신 일 때문이다. 심지어 그분이 내 안에서 역사하여 이루게 하신 일조차도 거기에 더해질 수 없다."

이처럼 나는 지금 '사람이 의롭다함을 받는 것이 믿음, 오직 믿음으로 말미암는 것'임을 선언하는 바이다. 이것이 예수 그리스도의 가르침이다. 이것이 바울의 교훈이요, 루터의 가르침이다. 종교개혁자들이 가르친 것도 바로 이것이다. 청교도들도 이것을 가르쳤으며, 이것이 바로 우리가 알고 있는 모든 부흥을 촉발한 가르침이다. 단순히 논리적으로 생각해 보더라도 이것이 참된 진리이며, 이것이 이 책의 모든 기고자들이 견고히 확신하는 가르침이다.

논리적으로 볼 때, 오직 두 가지 선택만이 존재한다. 하나는 사람이 오직 믿음으로 의롭다함을 받는다는 견해이며, 다른 하나는 오직 행위로 의롭다함을 받는다는 견해이다. 세 번째 가능성을 열어 두기 위해 이 두 가지를 결합시키려는 시도가 있기는 하지만, 실상 믿음에 행위를 더하는 것은 반드시 행위의 범주에 속할 수밖에 없다. 왜냐하면 그것은 곧 오직 믿음으로 의롭다함을 받는다는 교리를 부정하는 것이기 때문이다. 그런 논리 안에서는 '오직 믿음'이라는 조건을 만족시킬 수 없으므로, 결국 행위로 의롭다함을 받는 것이 되어 버린다. 오직 믿음이란 하나님이 성취하시는 부분이다. 어떤 식으로든 공로라는 개념이 들어가면, 결국 그것은 인간의 성취가 되고 만다. 미국의 그리스도인 70%가 믿고 있는 바 "하나님은 스스로 돕는 자를 돕는다"라는 문구에도 인간이 하나님을 도와 하나님으로 하여금 인간을 구원하시게 한다는 개념이 담겨 있다. 결국 대부분의 사람들은 하나님의 도움을 받아 스스로 자신을 구원한다고 생각하는 것이다. 그러나 이것은 매우 비성경적인 생각이다.

예수님과 오직 믿음으로 말미암는 구원

성경은 오직 믿음으로 의롭다함을 받는다고 가르친다. 여기에는 실제로 훨씬 더 긴 원리가 함축되어 있다. 즉, '오직 그리스도 안에서' '오직 믿음'을 통해 '오직 은혜'로 받는 칭의는, '오직 하나님의 영광'을 위하여 '오직 성경'이 가르치는 원리이다. 이처럼 여기에는 종교개혁자들이 주창한 '오직(*solas*)'이라는 표어가 모두 담겨 있다.

그러나 우리 개신교도들(지속적으로 항거하며 개혁하는 개신교인이 계속 줄고 있다)이 듣는 대로, 로마 가톨릭주의자들은 성경 그 어디에서도 '오직 믿음'이라는 문구를 찾을 수 없다고 말한다. 야고보서에서 '오직 믿음'이라는 문구가 나타나기는 하지만, 그것마저도 "사람이 오직 믿음으로 의롭다하심을 받는 것은 아니다"라고 말하면서 '오직 믿음으로 의롭다하심을 받는다는 것'을 부정하는 의도로 사용된 것이라고 주장한다. 또한 그들은 마틴 루터가 성경에 "오직"이라는 단어를 추가했다고 말하면서, 도대체 어디에서 그런 단어를 발견할 수 있느냐고 우리에게 항변한다. 그들은 우리가 성경에서 가르치지 않는 것은 그 무엇도 믿지 않는다는 것을 안다. 그래서 우리에게 대적하기 위하여 '오직 성경(*Sola Scriptura*)'이라는 원리를 들어, 성경에서 발견할 수 없는 문구를 사용하는 데 대해 변론하라고 도전하는 것이다.

어쩌면 로마 가톨릭교회에 마틴 루터보다 더 많은 문제를 던지는 듯한 한스 큉(Hans Kung)은, 자신의 저서 『의화』(*Justification*)에서 "이 성경구절(갈라디아서 2장 16절)에 '오직'이라는 단어를 최초로 집어넣은 것은 루터가 아니다"라고 말한다.[1] 큉은, 마틴 루터가 태어난 해(1483년)에 출판된 뉘른베르크(Nürnberg) 독일어 성경을 비롯하여 여러 가지 번

---

1) Hans Kung. *Justification*(Thomas Nelson: New York, NY, 1964) p.249.

역본의 경우에 이 본문에 "오직"이라는 단어가 나와 있다고 소개한다. 동일한 언급이 세 개의 이탈리아 역본(로마 가톨릭성경), 즉 1476년의 제노아(Genoa) 역본, 1538년의 베니스(Venice) 역본, 그리고 1546년의 베니스 역본에도 나타나 있다.

더 나아가 한스 큉은, 로마 가톨릭교회의 학자인 벨라마인(Bellarmine) 추기경이 "오리겐(Origen)과 힐라리(Hilary), 바실(Basil), 크리소스톰(Chrysostom), 알렉산드리아의 시릴(Cyril of Alexandria), 그리고 특히 암브로우스(Ambrose)와 버나드(Bernard) 같은 초대 교회의 교부들이 그들의 저작에서 칭의 교리를 언급할 때 '오직 믿음'이라는 표현을 사용했다"라고 말한 것을 언급한다.

1세기에 로마의 클레멘트(Clement)는 다음과 같은 글을 썼다.

하나님의 뜻대로 그리스도 예수 안에서 부르심을 받은 우리도 우리 자신의 힘으로, 또는 자신의 지혜나 지식이나 경건을 통해, 더욱이 마음의 거룩 안에서 우리가 행한 행위들로 말미암아 의롭다함을 받는 것이 아니다. 시간이 시작된 이래 전능하신 하나님이 모든 사람들을 의롭다 하신 오직 그 믿음으로만 의롭다함을 받는다.[2]

그러나 결국 루터가 뭐라고 말하는지, 오리겐과 바실과 클레멘트나

---

2) *Early Christian Writings, The Apostolic Fathers*. trans. Maxwell Staniforth(Penguin Books: Middlesex, England. 1968) p.39.

큉이 뭐라고 말하는지는 문제가 되지 않는다. 가장 중요한 것은 오직 성경이 뭐라고 말하는가 하는 것이며, 성경이 그렇게 말한 의미가 무엇인가 하는 것이다. '삼위일체'라는 단어가 성경에서 발견되지 않는다는 것이 삼위일체가 실재한다는 엄청난 사실을 부정하는 증거가 될 수는 없다. 마찬가지로, 정말 정직한 사람이라면, 성경에 '오직 믿음'이라는 문구가 없다는 것이 단 한 순간이라도 '오직 믿음'이라는 사상을 가르칠 수 없게 만들어서는 안 된다는 사실을 반드시 인정해야만 한다.

누가복음 17장에서 예수님은 용서에 대해 가르치신다. 특히 7-10절에서는 수고에 대해 한 가지 비유를 들어 말씀하신다.

"너희 중 누구에게 밭을 갈거나 양을 치거나 하는 종이 있어 밭에서 돌아오면 그더러 곧 와 앉아서 먹으라 말할 자가 있느냐. 도리어 그더러 '내 먹을 것을 준비하고 띠를 띠고 내가 먹고 마시는 동안에 수종들고 너는 그 후에 먹고 마시라' 하지 않겠느냐. 명한 대로 하였다고 종에게 감사하겠느냐. 이와 같이 너희도 명령받은 것을 다 행한 후에 이르기를 '우리는 무익한 종이라. 우리가 하여야 할 일을 한 것뿐이라' 할지니라."

우리 예수님은 이 비유의 끝부분에서 모든 인간적 공로를 배제한 오직 믿음으로 말미암는 칭의 교리를 가르쳐 주신다. 새미국표준역(NASB)은 이 부분을 다음과 같이 번역한다. "너희에게 명령된 모든 일들을 다 행한 후에 너희는 말하기를 '우리는 무가치한 종들이라. 우리는 우리가 마땅히 해야 할 일을 행하였을 뿐이라' 할지니라." 칭의 교리를 이보다 더 분명하고 확실하게 말할 수는 없다.

이 비유의 마지막 내용은 확실히 매우 풍자적이다. 어쩌면 당신은 다음과 같은 결말을 예상했을지 모른다. "너희가 명령받은 모든 일들을 다 행하였다면 너희는 참으로 유익한 종이다. 너희는 주인의 은총을 얻을 것이다. 또한 너희가 수고했으므로 마땅히 청구할 권리가 있는 너희의 일한 대가를 받을 것이다."

만일 사람이 그리스도께서 하라고 하신 모든 일들을 실제로 다 행한다면, 그야말로 엄청나게 중대한 일을 성취했으므로 의롭다하심을 받아야 마땅하지 않겠는가? 그는 자신이 그리스도의 모든 명령들을 실제로 순종한 자가 당연히 받아야 할 상급을 얻으리라고 생각할 것이다. 그러나 그리스도는 절대 그렇게 말씀하시지 않는다. 그리스도는 종을 칭찬하시지 않는다. 오히려 온전한 순종이 그저 종으로서 마땅히 해야 할 일이요 조금도 특별한 일이 아니라고 말씀하신다.

이것은 정말로 충격적이며 놀라운 결론이 아닐 수 없다. 우리가 "무가치한" 또는 "무익한"이라고 번역한 단어는 원래 헬라어로 "아무짝에도 쓸모없는"이라는 의미를 가지고 있다. 즉, 이 종은 어떤 고상한 영적 자격을 얻을 만한 일을 한 것이 아니라 그저 자신이 마땅히 해야 할 일을 했을 뿐이다. 그는 온전히 그 일을 해야만 했고, 그것은 하나님 앞에서 전적으로 무가치한 일이었다.

이것은 매우 중요한 원리이며, 우리 모두에게도 변함 없이 함축적 의미를 전달한다. 우리 주님은 이 종과 주인의 관계가 지금 우리에게도 동일하게 적용된다고 말씀하신다. 즉, 우리에게 하나님의 명령을 온전히 준행해야 한다고 말씀하신다. 우리가 태어나 죽을 때까지 날마다 우리의 마음과 영혼과 힘과 뜻과 목숨을 다하여 하나님을 사랑해야 한다고 말씀하신다. 우리가 모든 경우와 상황에서 만나는 모든 이웃을 자기 자신을 사랑하는 것처럼 사랑해야 한다고 말씀하신다. 어느 누구에게도 불의하고 부당하게 노를 품어서는 안 된다고 말씀하신다. 절대 다른 사람에게 불친절해서는 안 된다고 말씀하신다. 그리고 설령 우리가 집 안과 밖에서 모든 사람들을 향해 절대적으로 순전한 동기와 마음으로 하나님의 영광과 이웃의 유익을 추구하며, 모든 경우에 우리의 모든 의무들을 완전하게 행했다 하더라도, 우리에게는 절대 하나님에게서 "고맙다"라는 말을 들을 자격이 없으며, 그런 말을 들을 수도 없다고 말씀하신다.

이쯤 되면, 아마도 당신은 머리를 긁적이면서 도대체 이것이 오직 믿음으로 말미암는 칭의와 무슨 상관이 있는지 의아해할 것이다. 나는 그 점에 대해 매우 쉽게 대답해 줄 수 있다. 이것들이 전부 칭의와 관계가 있다. 그리스도는 무조건적인 은혜로 말미암는 구원이라는 핵심으로 우리를 인도하신다. 심지어 당신에게 하나님께 용서를 구해야 할 빚이나 부채가 전혀 없다 할지라도, 회개하고 사면을 받아야 할 만한 잘못을 하나도 하지 않았다 할지라도, 평생 신실하게 아버지 하나님을 위해 살았다 할지라도, 당신은 결코 하나님에게서 살찐 송아지를 받을 만한 권리를 가지고 있지 않다. 당신은 그저 당신이 해야 할 일을, 온전히 수행해야 할 일을 했을 뿐이다.

조나단 에드워즈는 이 구절을 본문으로 설교(아직 출판되지 않았다)한 적이 있는데, 그 주요 교리는 다음과 같다. 즉, 하나님은 사람들에게 명령하신 일을 사람이 행한 것에 대해 사람에게 감사해하지 않으신다. 에드워즈는 계속해서 이렇게 말한다.

> 하나님은 자신을 사람들의 순종에 대해 대가를 치러야 할 존재로 간주하지 않으십니다. 만일 하나님이 이러저러한 조건을 만족시키는 사람들에게 포상하셔야 할 의무를 기꺼이 지려 하신다면, 그것은 바로 하나님의 약속에 근거한 의무감이지, 결코 사람들의 수고나 봉사에 근거한 것이 아닙니다. 사람들의 봉사나 수고가 하나님께 의무를 부과하는 것이 아닙니다. 하나님이 스스로 기꺼이 그런 의무를 지고자 하시는 것이 아니라면, 어느 누구도 하나님께 그렇게 약속하시라고 요구할 수 없으며, 그 어떤 이유로도 상을 주셔야 할 의무를 하나님께 부과할 수 없습니다.
> 사람이 하나님께서 명령하신 일들을 행한다고 하더라도, 그로 인해 하나님께 그 사람들을 구원하셔야 할 책임이 발생하는 것은 아닙니다. 그들의 죄를 용서하고 그들을 의롭다 여겨 받아 주며 저주와 지옥에서 건져 내고 그들에게 천국을 수여하라고 하나님께 결코 강요할 수 없습니다. 하나님을 향한 순종은 그분께 보상받을 만한 가치를 가지고 있지 않습니다. 그 순종이 아무리 대단하다고 할지라도 말입니다. 하나님의 언약의 덕이 아니고서는, 아담의 순

종 역시 영원한 생명을 보장받을 가치를 가질 수 없습니다(설령 그가 모든 율법을 온전히 순종하고 행위 언약의 조건을 완전히 지켜 냈다 하더라도 말입니다). 만일 하나님이 상급에 대한 희망을 전혀 약속하지 않은 채 그저 도덕법을 지키고 하나님이 금지하신 나무의 열매를 따지 않으며 그 밖에 다른 많은 적극적인 법칙들과 계율들을 지키라고 더욱 엄격하게 요구하셨다 할지라도, 아담은 너무나 당연히 그 모든 것들을 반드시 지켰어야 합니다. 또한 아무런 상급도 내리시지 않는다 할지라도, 결코 하나님이 불의하시다고 고소할 수 없습니다. 게다가 타락한 사람은 설령 하나님의 율법에 온전히 순종한다고 할지라도, 자신의 죄를 용서받을 수도 없고, 비참한 상태에서 영생의 상태로 옮겨질 자격을 얻을 수도 없습니다. 그러므로 이것은 아담에게 주어진 영생을 얻는 일보다 훨씬 더 큰 일입니다.

이어서 에드워즈는 무엇이 명백해지는지를 잘 진술한다.

완전한 순종이 조금이라도 공로가 될 수 없다면, 특히 그런 순종 가운데서도 날마다 지옥에 떨어지기에 합당할 뿐이라면, 하물며 불완전한 순종은 더더욱 아무런 공로도 되지 못할 것이 틀림없습니다.[3]

---

[3] 이 인용문은 『조나단 에드워즈 전집』(*The Works of Jonathan Edwards*)을 출판한 예일대학 출판

만일 하나님의 면전에서 우리의 의마저 그저 '더러운 옷'에 불과하다면, 우리의 불의는 얼마나 더 추하고 더럽겠는가? 우리의 완전함을 모두 합쳐도 조금도 완전하지 않다면, 죄로 얼룩진 우리의 행위들이 과연 어떻게 하나님께 공로로 여겨질 수 있겠는가? 전혀 그럴 수 없다. 받을 자격이 없는 죄인들에게 무조건적으로 주어진 그리스도의 공로만이 있을 뿐이다. 그러므로 우리는 절대 우리 자신의 공로를 의지해서는 안 되며, 오직 그리스도의 공로만을 믿고 의지해야 한다.

바울과 오직 믿음으로 말미암는 칭의

사도 바울 역시 이와 동일하게 가르친다. 바울이 비록 그의 서신에서 "오직 믿음으로 말미암는 칭의"라는 문구를 명시하지는 않았지만, 결론적으로 그는 반복해서 사람이 이것도 아니고 저것도 아니며 다른 어떤 것도, 그 무엇으로도 아니라, 오직 믿음으로 의롭다함을 받는다고 진술하고 있다. 로마서 3장에서 바울은 예수 그리스도를 믿음으로 말미암아 하나님의 의가 나타나며(22절 참고), 죄인이 오직 하나님의 은혜로 값없이 의롭다하심을 얻고, 그리스도께서 이루신 구속이 믿음으로 말미암아 주어진다고 가르친다(24,25절 참고). 또한 하나님께서 예수를 믿는 자만을 의롭다 하신다고 진술한 다음에(26절 참고), "사람이 의롭

부의 허락을 받고 실었다. 『조나단 에드워즈 전집』의 편집자인 켄 민케마(Ken Minkema)에게 특별히 감사를 표하는 바이다.

다하심을 얻는 것은 율법의 행위에 있지 않고 믿음으로 되는 것"이라고 결론짓는다(28절 참고). 계속해서 바울은 하나님이 할례자도 믿음으로 말미암아, 또한 무할례자도 믿음으로 말미암아 의롭다 하신다고 말한다(30절 참고). 그리고 4장 2절에서는 "만일 아브라함이 행위로써 의롭다하심을 받았으면 자랑할 것이 있으려니와 하나님 앞에서는 없느니라"라고 말한다. 하나님은 그 누구도 자랑하지 못하게 하시는 분이며(엡 2:8,9 참고), 따라서 아브라함이 행위로써 의롭다하심을 받는 것은 절대 불가능한 일이다.

바울은 로마서 4장 5절에서 깜짝 놀랄 만한 사실에 대해 매우 단호하게 진술한다.

"일을 아니할지라도 경건하지 아니한 자를 의롭다 하시는 이를 믿는 자에게는 그의 믿음을 의로 여기시나니."

토마스 아퀴나스는 하나님께서 경건한 자(하나님의 칭의를 얻을 수 있는 성화의 단계에 이른 자)를 의롭다 하시는 것이 아니라 경건하지 않은 자, 즉 불의한 자를 의롭다 하신다고 말한다. 이것은 참된 기본 원리이다. 바울은 칭의와 관련하여 믿음과 행함을 대조하고 있다. 즉, 칭의는 그것을 얻을 만한 공로나 행위가 없는 자를 위한 것이지, 자신의 힘으로 칭의를 얻고자 일하는 자를 위한 것이 아니다.

루터가 "오직"이라는 단어를 삽입했다고 비난받는 갈라디아서 2장 16절에서도 동일한 측면이 대조되어 나타난다.

"사람이 의롭게 되는 것은 율법의 행위로 말미암음이 아니요 오직 예수 그리스도를 믿음으로 말미암는 줄 알므로 우리도 그리스도 예수를 믿나니, 이는 우리가 율법의 행위로써가 아니고 그리스도를 믿음으로써 의롭다함을 얻으려 함이라. 율법의 행위로써는 의롭다함을 얻을 육체가 없느니라."

바울은 한 구절에서 무려 세 번이나 믿음과 행함을 대조한다. 즉, 칭의는 결코 행위로 말미암는 것이 아니며, 그 어떤 종류의 행위로도 칭의를 얻을 수 없고, 심지어 율법의 행위로도 얻을 수 없다고 반복하여 선언한다. 다시 말하면, 하나님의 계명에 순종하는 것조차도 우리를 의롭다 하지 못한다는 말이다.

"내가 하나님의 은혜를 폐하지 아니하노니 만일 의롭게 되는 것이 율법으로 말미암으면 그리스도께서 헛되이 죽으셨느니라"(갈 2:21).

이어서 갈라디아서 3장 1-7절에서 바울은 사람들이 기독교 신앙의 핵심인 이 교리에서 얼마나 쉽게 벗어나는지를 설명한다. 사실 갈라디아 교인들은 바울이 그들을 떠난 지 얼마 지나지 않아 이 교리에서 벗어나기 시작했다. 바울은, 하나님이 구원받지 못한 사람들의 행위 때문에 그들에게 반응하시는 것이 아니라 그분이 인정하시는 믿음 때문에 반응하신다는 것을 반복하여 강조한다. 그리고 7절에서는 '믿음으로 말미암은 자들이 아브라함의 자손'임을 확실히 밝힌다. 바울은 계속해서 8절에서도 하나님이 이방인들을 '믿음으로 말미암아 의롭다 하실 것'이라고 말하며, 9절에서는 "믿음으로 말미암은 자는 믿음이 있는 아브라함과 함께 복을 받느니라"라고 선언한다.

또한 11절에서는 다시금 행위로 말미암는 칭의에 반대하여 "하나님 앞에서 아무도 율법으로 말미암아 의롭게 되지 못할 것이 분명하니"라고 말하면서, 이는 '의인이 믿음으로 말미암아 살기 때문'이라고 밝힌다. 여기에는 인간이 어떤 방식으로 하나님께 나아오든, 바로 그 방식으로 살아야 한다는 것이 분명히 나타나 있다. 만일 그가 믿음으로 말미암아 하나님께 나아온다면, 그는 믿음으로 말미암아 살 것이다. 반면 그가 행위로 말미암아 나아온다면, 그의 칭의와 구원은 반드시 행위로 유지되어야 하며, 결국 그에게는 무엇인가 자랑할 것이 생기는 셈이다. 의롭다함을 얻고 구원을 받으며 그 구원을 유지하는 데 자신이 무언가 공헌한 것이므로 자신을 자랑할 수 있는 것이다. 그러나 다시 말하지만, 하나님은 그 누구도 자랑하지 못하게 하시는 분이다. 하나님은 자신의 영광을 그 누구와도 나누시지 않는다. 베드로도 우리가 스스로 가졌다고 생각하는 우리 자신의 경건이 아니라 '하나님의 능력으로 보호하심을 받는다'는 사실을 분명히 밝힌다(벧전 1:5 참고).

바울은 로마서 5장 1,2절에서도 반드시 필요한 이 가르침을 전한다. 이러한 반복은 끝없이 이어지는 듯하다.

"그러므로 우리가 믿음으로 의롭다하심을 받았으니 우리 주 예수 그리스도로 말미암아 하나님과 화평을 누리자. 또한 그로 말미암아 우리가 믿음으로 서 있는 이 은혜에 들어감을 얻었으며 하나님의 영광을 바라고 즐거워하느니라."

바울이 "오직 믿음으로 말미암는 칭의"라는 문구를 사용한 적이 있는가? 그렇지 않다. 그렇다면 바울은 오직 믿음으로 말미암는 칭의 교리를 가르치고 있는가? 분명히 그렇다! 바울의 칭의 교리를 이보다 더 분명하고 확실하게 표현할 수는 없다.

그런데 왜 많은 사람들은 이 가르침에 반박하는가? 그들은 참으로 열심이 있는 듯 보인다. 그러나 그것은 올바른 열심이 아니다.

"내가 증언하노니 그들이 하나님께 열심이 있으나 올바른 지식을 따른 것이 아니니라"(롬 10:2).

자신이 가진 어떤 것들을 하나님 앞에서 공로로 인정받으리라 믿는 사람을 바울은 이렇게 묘사한다.

"하나님의 의를 모르고 자기 의를 세우려고 힘써 하나님의 의에 복종하지 아니하였느니라"(롬 10:3).

다시 말하지만, 이 논고의 핵심은 바로 이것이다. 그리스도를 자랑하는가 나를 자랑하는가, 그리스도의 공로인가 나의 공로인가, 하나님의 의인가 나 자신의 의인가? 이것은 언제나 사람이 어떤 믿음의 체계를 받아들일지를 결정하는 기준이다. 인본주의적 성취의 종교를 받아들일 것인가, 아니면 신적 성취의 종교를 받아들일 것인가?

지금 논쟁하는 이 문제와 관련하여, 이 말이 의미하는 바와 또한 의미하지 않는 바를 모두 살피는 것이 도움이 되리라 생각한다. 성경이 우리가 다른 어떤 것이 아니라 오직 믿음으로 의롭다하심을 얻는다고 말할 때, 그것은 '믿음 때문에' 의롭다하심을 얻는다는 의미가 아니다. 즉, '믿음으로 말미암아' 의롭다하심을 얻는다는 것과 '믿음 때문에' 의롭다하심을 얻는다는 말은 같은 의미가 아니다. 앞에서 이미 진술했듯이, 칭의

란 오직 그리스도로 말미암으며, 우리는 오직 그리스도만을 믿고 의지해야 한다. 그리고 그 믿음조차도 우리에게서 난 것이 아니라 우리에게 주어진 '하나님의 선물'이라는 것을 잊어서는 안 된다(엡 2:8 참고). 종교개혁자 필립 멜랑톤(Philip Melanchthon)의 유명한 말을 들어 보라. "당신이 당신의 구원과 관련하여 할 수 있는 유일한 한 가지 일은 구원이 필요하게 만드는 죄를 행하는 것뿐이다."

믿음을 공로적인 요소로 여기는 것은 믿음을 행위로 만드는 것이다. 믿음이 구원의 조건이기 때문에 어떤 의미에서 행위인 듯하지만, 그것은 공로적인 행위도 아니고, 공로적인 조건도 아니다. 저명한 청교도 윌리엄 펨블(William Pemble)은 이것을 다음과 같이 설명한다. "우리는 계명에 순종하는 믿음이 행위로서 우리를 의롭다 한다는 것을 부인한다. 믿음은 오직 우리에게 요구되는 조건으로서, 그리고 그리스도의 의를 영접하는 수단으로서만 의미가 있다."[4]

믿음 없이 의롭다함을 받은 사람은 아무도 없었지만, 믿음 때문에 의롭다함을 받은 사람도 하나도 없었다. 스트롱은 이것을 이렇게 설명한다. "믿음은 객차를 움직이는 기관차에 붙어 있는 접합연결기와 같다. 접합연결기에는 아무런 힘(동력)이 없다. 모든 힘은 기관차에 있다." 믿음은 절대 '믿음을 행사하는 인간을 의롭다 하셔야 한다'고 하나님께 강요하는 공로가 될 수 없다. 모든 공로는 철저히 그리스도 안에 있다.

---

4) William Pemble. *The Justification of a Sinner*. Ed. Don Kistler (Morgan, PA.: Soli Deo Gloria Publications, 2002), p.64.

우리는 단순히 믿음으로 그분과 '연합'하며, 그분께서 우리를 칭의와 구원과 성화와 영화로 인도하신다. 말하자면, 그리스도는 기관차와 같다. 모든 능력(공로)은 그리스도 안에 있으며, 우리는 단순히 '그분에게 연결되어 가는 것'일 뿐이다.

여기서 다시 한번 조나단 에드워즈의 설교를 인용하겠다.

우리가 그리스도에게 관심을 두거나 그리스도와 연합한 것을 믿기 때문에 하나님께서 그에 따른 보상으로 우리에게 믿음을 주시는 것이 아닙니다. 믿음 자체가 그리스도와 영혼을 연합시키는 능동적인 활동이며, 연합의 실제적 모습입니다. 지적이고도 능동적인 두 존재(인격)가 연합하기 위해서는 그 둘이 하나로 여겨져야 하며, 서로를 받아들이게 하는 작용이 있어야 하고, 서로 능동적으로 연합하여야 합니다. 하나님은 그런 일을 합당하게 여기십니다. 하나님은 우리가 그분의 백성들 중 하나로서 그리스도와 연합하기를 원하시며, 인간을 이성적인 존재요 행동하며 선택할 능력이 있는 피조물로 다루십니다. 그래서 하나님은 그리스도와 연합한 그들을 율법 안에서 그들 자신의 행위로 연합한 것으로 간주하는 것을 적합하게 보십니다.

그리스도와 그분의 백성의 참된 연합이 바로 법적 연합의 근거가 됩니다. 그것은 실제로 그들 안에, 그리고 그들 사이에 존재하며, 그들을 하나로 묶습니다. 그것이 심판자 앞에서 그들의 존재가 하나로 여겨지는 데 대한 합당한 근거입니다. 만약 신자에게 본성의 연합(심판자가 둘을 하나로 여기고 받아들이는)에 대한 어떤 자격이 주어지려면, 한 인격(그리스도)이 다른 사람을 위하여 그를 받아들이게 하는 공로를 만족시켜야 합니다. 그 공로가 마치 나머지 한 인격(신자)의 공로요 만족인 양 그의 것으로 받아들여져야 하는 것입니다.[5]

분명히 우리의 믿음 때문에, 심지어 매우 약하고 불완전한 그 믿음 때문에 하나님께서 우리에 대해 어떤 의무를 져야 하는 양 강요하는 것은 상상도 못할 일이다. 부모에게서 태어난 모든 사람들이 어느 정도 자기의 이익에 따라 모든 행동을 한다는 점에서 볼 때, 어느 누가 이기적인 근원에서 비롯된 행동에 대해 하나님이 보상하실 의무를 져야 한다고 말할 수 있겠는가?

그렇다면 하나님께서 그렇게 불완전한 믿음을 받아 주시고 그것을 나의 의로 간주해 주신다는 것은 참으로 충격적이고도 놀라운 은혜와 자비가 아닌가! 이런 의미에서 하나님은 너무나 큰 것을 주시고, 우리에게는 너무나 작은 것을 요구하신다. 따라서 구원이 "위대한 교환"이라 불리는 것은 조금도 이상한 일이 아니다. 우리가 도대체 무엇으로, 어떻게 하나님이 기뻐하실 만한 것을 드릴 수 있다는 말인가? 우리는

---

5) Jonathan Edwards, *Justification by Faith Alone*, Ed. Don Kistler (Morgan: PA, Soli Deo Gloria Publications, 2000), p.17.

죄와 다툼과 분노와 실망과 불신과 구습과 실패의 흔적 외에는 하나님 앞에 보일 것이 없는 존재이다. 그런 우리가 위대한 교환을 통해 죄를 용서받고 구원을 얻으며, 하나님 앞에서 올바른 자격과 그리스도의 생명, 성령의 내주하심, 하늘로부터 오는 능력, 믿음으로 말미암는 하나님의 의, 죽은 이후 누리게 되는 천국, 그리고 그리스도의 발 앞에 던져 드릴 수 있는 왕관들을 얻게 되는 것이다. 혹시 이것이 공평하지 않다고 말하고 싶은 유혹을 받는가? 당신의 말이 맞다. 그것은 하나님 편에서 볼 때 전혀 공평한 일이 아니다.

17세기에 데이비드 클락슨(David Clarkson)은 "로마 교회에서 위태롭게 부패된 칭의 교리"라는 제목으로 설교한 적이 있다. 클락슨은 영국 청교도들이 전형적으로 사용하는 논리적 문체에 따라 '우리가 하는 모든 행위를 공로로 바라보는 생각, 또는 그리스도의 사역과 그분의 공로에 무언가를 덧붙이려는 생각'이 잘못되었다는 것을 지적한다. 그의 말을 들어 보라.

> 그들(로마주의자들)은 그리스도의 구속을 불충분한 것으로 만들고, 결국 속죄의 효력이 없는 것으로 만들어 버립니다. 그들에 따르면, 그리스도께서 모든 고난을 받고 모든 일을 이루셨는데도 주님은 여전히 믿는 자들에게 진노하십니다. 그래서 그들에게 벌을 내리시고, 일정 기간 동안 그들로 하여금 지옥의 고통을 경험하게 하십니다. 얼마나 오랫동안 그렇게 하실지는 아무도 알 수 없습니

다. 그러나 로마주의자들은 분명히 그리스도의 공의가 만족될 때까지, 오직 그리스도만이 만족시키실 수 있는 그 공의를 그들 자신이나 그들을 대신한 다른 이들이 만족시킬 때까지, 그런 고통과 형벌을 계속 당하게 될 것이라고 말할 것입니다. 이러한 로마주의자들의 원리에 따르면, 주님은 자신의 구속 사역에도 여전히 만족하시지 않는다는 것이 명백해집니다. 즉, 그리스도의 구속이 매우 공의롭지 못하며 충분하지도 않고, 따라서 속죄의 효력도 없는 것이 되고 맙니다. 그러하기에 추기경 벨라마인은 그리스도의 속죄와 인간의 속죄에 관한 여러 가지 견해들 가운데 "오직 우리의 속죄가 가장 그럴듯한 속죄요 실제적인 속죄이다"라고 결론짓고 있습니다.

또한 로마주의자들의 교리에 따르면, 우리가 칭의를 통해 인정되고 받아들여진 영생을 확보하는 데 이 구속의 공로(그리스도의 구속)가 쓸모없는 것이 되어 버립니다. 왜냐하면 그들은 사람이 공로가 될 만한 요소를 소유하고 있으므로 그들 스스로 공로를 나타냄으로써 영생을 취해야 한다고 가르치기 때문입니다. 만일 사람에게 천국을 얻는 일에 공헌할 수 있는 능력이 있다면, 그리스도의 구속의 공로는 필요 없어집니다. 왜냐하면 우리에게 있는 공로 자체가 무언가를 받을 만한 자격을 부여하기 때문입니다. 그들의 계산법에 따르면, 우리에게는 반드시 천국을 얻을 수 있는 가치와 동등하거나 거기에 비례하는 공로가 있어야만 합니다. 그리스도께서 천국의 가치를 책정하신다면, 우리는 반드시 책정된 그 가치를 지불해야 합니다. 만일 그리스도께서 천국의 가치를 두 배로 책정하신다면, 그 두 배의 값을 치르기 전에는 어느 누구도 천국을 소유할 수 없을 것입니다. 그렇게 된다면, 그것은 매우 힘든 거래가 될 것입니다. 그러나 주님은 천국을 우리에게 '선물'로 주신다고 선언하십니다.

그리스도의 공로가 필요 없어지든지 아니면 인간의 공로가 필요 없어지든지, 둘 중 하나는 절대 피할 수 없습니다. 이런 경우에 교황주의자들은 도리어 구속의 공로를 필요 없는 것으로 만들어 버립니다. 그리고 실제로 그렇게 말하는 것이 바람직하다고 생각하면서, 우리에게 영생을 주시는 그리스도의 공로가 전혀 필요 없다고 목소리를 높입니다. 그들의 가장 탁월한 저자 중 한 사람인 바스케즈(Vasquez)는 다음과 같이 말합니다. "의로운 사람의 공로는 영생을 얻는 일과 동일한 가치를 가진다. 따라서 그에게는 그리스도의 공로를 비롯하여 또 다른 적합한 공로가 필요 없다. 그것은 오히려 의인이 영생을 얻는 데 방해가 될 뿐이다."

그렇다면 우리는 로마주의자들이 '그리스도께서 우리가 영생을 얻는 데 공덕을 끼치셨다'고 말하는 것을 어떻게 이해해야 합니까? 그들은 그들의 구속과 만족의 교리에 따라, 그리스도께서 죄로 인해 발생한 형벌을 임시로 중재하고 만족시키셨으며, 그 결과 우리를 위해 우리가 생명을 얻는 일에 공헌할 수 있게 하는 은혜를 획

득하셨다고 설명합니다.[6]

마지막으로, 사람이 오직 믿음으로 말미암아 의롭다하심을 얻는다고 말할 때, 그것은 칭의의 열매가 그의 삶에 동반되든 동반되지 않든 무조건 의롭다하심을 받는다는 의미가 아니다. 의롭다 하시는 믿음, 즉 하나님께서 받을 자격이 없는 죄인에게 선물로 주시는 믿음은 역사하는 믿음이다. 따라서 성령의 열매가 가시적으로 나타날 수밖에 없다. 사람이 의롭다함을 받은 이후에 선을 행하지 않는다는 것은 상상할 수도 없는 일이다.

이 점과 관련하여 사람들은 십자가에 달린 강도를 곧잘 예로 들면서, 그 강도에게는 행함이 없이 오직 믿음만 있었다고 말한다. 그러나 작고한 존 거스너는 다음과 같이 지적하였다. 십자가의 한편 강도는, 많은 사람들이 오랜 시간 했던 일보다 더 많은 일을 아주 짧은 시간 동안 하였다. 그 강도는 그리스도를 죄 없는 분으로 고백하면서 그리스도를 찬미했으며, 다른 강도를 정죄했다. 그는 곧바로 그리스도를 따르는 삶을 살았던 것이다.

그러므로 칭의는 오직 믿음으로 말미암지만 홀로 있는 믿음으로 말미암는 것은 아니라는 진술은 타당하다. 그러나 믿음에 따라오는 행위가 우리로 하여금 의롭다하심을 얻게 하는 것은 아니다. 야고보 사도가

---

[6] *Select Works of the Reverend David Clarkson.* Ed. Rev. Basil H. Cooper (London: The Wycliffe Society, 1866). pp.482-483.

야고보서 2장에서 주장하는 행함이란 바로 이러한 비공로적인 행함이다. 그러한 행함은 믿음의 증거요, 그 믿음이 옳고 합법적이라는 사실을 드러낼 뿐이다.

하나님은 자신의 영광을 다른 이와 나누지 않는다고 분명히 말씀하신다. 만일 당신이 그리스도께서 행하신 일에 무언가를 더하려고 시도한다면, 오히려 그리스도께서 행하신 일을 모두 버리는 꼴이 되고 말 것이다. 그것은 치명적인 실수이다.

20세기 말엽, 피츠버그(Pittsburgh) 변두리에서 승무원과 승객 전원이 사망한 비행기 추락 사고가 있었다. 이 추락 사고의 잔해를 수거하는 도중에 사고 대책반은 손상되지 않은 채 남아 있는 여섯 살 가량의 여자아이 시신을 발견했다. 그런데 놀랍게도 그 아이의 손가락이 교차되어 있었다.[7]

손가락을 교차하는 것 외에 달리 내세울 것 없이 하나님 앞에 서 있다고 상상해 보라! 당신이 그리스도께서 행하신 사역과 그분의 공로를 거절하고 하나님 앞에서 당신의 공로를 내세우려 하는 것이 바로 그런 행동이다. 손가락으로 행운을 비는 것은 거짓된 희망일 뿐이다. 죄인에게 필요한 유일한 희망은, 오직 그리스도께서 행하신 일을 믿음으로 말미암아 그리스도에 의해 의롭다함을 얻는 것이다. 왜냐하면 하나님께서 오직 그것만을 요구하시며, 그것만이 하나님이 제공하신 모든 것

---

7) 역자주 - 미국에서 손가락을 교차하는 것은 새해가 되거나 나쁜 일을 만났을 때 행운을 빈다는 의미의 행위이다.

이고, 오직 그것만이 하나님께서 받아 주실 모든 것이기 때문이다.

에베소서에서 바울이 했던 표현대로, 만일 우리가 그분의 "사랑하시는 자 안에서 거저 주신 바"(엡 1:6 참고) 된 자라면, 우리는 어거스투스 토플레디처럼 노래해야만 할 것이다.

빈손 들고 앞에 가
십자가를 붙드네.

Rome Not Home

부록

스콧 한(Scott Hahn)*과 킴벌리 한(Kimberly Hahn)의
『행복한 고향인 로마 교회』(Rome Sweet Home)에 대한 답변

가톨릭은 돌아갈 고향이 아니다

_존 거스너(John H. Gerstner)

* 스콧 한은 장로교도였다가 로마 가톨릭교회로 개종하였다. 그는 그로브시티(Grove City) 대학과 고든콘웰 신학교(Gordon-Conwell Seminary)에서 공부하였으며, 자신의 아내 킴벌리 한과 공동으로 『행복한 고향인 로마 교회』라는 저서를 저술하였다. 그 책에서 그는 자신이 로마 가톨릭교회로 개종한 이야기를 다룬다. 킴벌리 한의 아버지는 장로교 목사이자 존 거스너의 제자인 제리 커크(Jerry Kirk)이다.
그 책에서 스콧 한은 자신이 로마 가톨릭으로 개종하기 전에 거스너와 나눈 대화에 대해 상당히 길게 이야기한다. 그러면서 거스너가 자신의 주장에 논박하거나 자신의 질문에 대답하지 못했다고 진술한다. 따라서 우리는 그들이 나눈 대화와 관련하여, 거스너에게 스콧 한의 저서에 대해 개인적으로 답변하고 자신의 생각을 표명할 기회를 제공하는

것이 매우 바람직하다고 판단했다. 본 장에서 거스너는 스콧이 믿음을 올바로 이해하지 못해서 그 믿음을 배격하고 떠났다고 반복적으로 지적한다.

이 책의 모든 독자들이 스콧 한이나 『행복한 고향인 로마 교회』에 대해 잘 알지는 못할 것이다. 그러나 그의 책은 로마 가톨릭교회의 공동체에서는 매우 유명하고 대중적인 작품이다. 현재 스콧 한은 오하이오 주의 슈토이벤빌(Steubenville)에 있는 프란시스칸(Franciscan) 대학에서 신학을 가르치고 있으며, 로마 가톨릭신학에 대해 논리정연하게 대변하고 있다.

······

나는 지금 『행복한 고향인 로마 교회』(샌프란시스코, 이그나티우스 출판사, 1993)[1]라는 책을 읽고서 아픈 마음으로 이 글을 쓰고 있다. 나는 매우 오랫동안 스콧 한을 알았고, 주 예수 그리스도를 위한 사역에 헌신하고자 훈련받은 그를 그 누구보다도 높이 평가하고 기뻐했다. 그의 책에서 그는 수년 전에 내가 그에게 한 말을 인용했으며, 나와 게리 매타틱스(Gerry Matatics)와 함께 나눈 대화와 토론의 내용을 인용했다. 존 로빈스(John Robbins)가 이미 『행복한 고향인 로마 교회』에 대한 비평서를 집필하였다. 그러나 로빈스는 나처럼 사랑하는 두 친구들

---

[1] 역자주 - 이 책은 우리나라에서 『영원토록 당신 사랑 노래하리라』(바오로딸, 2004)라는 제목으로 출간되었다.

이 저지른 이 치명적인 실수를 보면서 슬퍼하고 고통스러워하지는 않았을 것이다.[2]

스콧은 자신과 게리, 그리고 내가 여섯 시간이 넘도록 나누었던 대화를 언급한다(p.72). 나는 그 일을 돌아보면서 이전에는 도저히 이해하지 못했던 한 가지 사실을 깨달았다. 나는 종종 나의 젊은 친구들과 학생들, 동료들에게 혹시라도 개혁주의 기독신앙을 떠나 다른 길로 가려고 고민하게 된다면 나에게 그들을 설득할 기회를 주면 정말로 고맙겠다고 말하곤 했다. 게리는 나에게 바로 그러한 기회를 주었다. 나는 게리가 로마 가톨릭교회로 개종하려는 자신의 결정에 대해 기꺼이 나와 논의해 준 것에 항상 감사할 것이다. 스콧 한도 이런 만남과 토론에 대한 소식을 듣고서 그 대화에 참석했다. 그러나 나는 그들을 설득하여 로마 가톨릭교회로 개종하는 것을 단념시키지 못했다. 그로부터 얼마 지나지 않아 두 사람 모두가 로마 가톨릭으로 개종했고, 그들의 교회에 가입했으며, 결국 개혁주의 신앙을 버리고 말았다.

나는 당시의 대화에 대해 기록한 스콧 한의 글을 읽으면서 그가 무언가 잘못 이해하고 있다는 것을 깨달았다. 과거에는 한 번도 생각하지 못했던 새로운 시각으로 그를 바라보게 된 것이다. 그의 책을 읽으면서, 나는 그가 자신이 떠나고 싶어한 그 개혁주의 신앙을 단 한 번도 올바로 이해한 적이 없으며, 지금도 정확히 이해하지 못하고 있다는 점을

---

2) 다음을 참고하라. "The Trinity Review," March 1994, Number 109-"The Lost Soul of Scott Hahn."

깨달았다. 사실 그는 개혁주의와는 반대되는 견해를 받아들이고는 그 것을 개혁주의의 견해로 이해했다. 그런데 앞으로 계속 반복해서 설명하겠지만, 나는 그의 책을 읽기 전까지 스콧 한이 개혁주의 신앙을 올바로 이해하지 못한 채 이 신앙에서 떠나려 했다는 사실을 깨닫지 못했다. 그가 실제로 다른 신앙을 선택했지만, 나는 그가 정말 개혁주의 신앙을 떠났다고는 생각하지 않는다. 왜냐하면 그는 개혁주의 신앙을 이해한 적이 없기 때문이다.

물론 스콧 한은 틀림없이 나의 말에 동의하지 않을 것이다. 아마도 그는 나의 말에 적잖이 놀랄 것이다. 당시에 나는 스콧 한이 개혁주의 신앙에 깊이 뿌리내리고 있다고 생각했다. 그래서 내가 참된 사도적 신앙이라고 확신하는 이 신앙을 버리고 가톨릭 신앙으로 개종하려는 그를 보고 무척이나 슬펐다.

물론 개혁주의 신앙에 대한 나의 주장과 변론이 그에게 아무런 영향을 주지 못했다는 사실도 당혹스러웠다. 스콧과 게리는 그들 편에서 부당하게 여겨졌을 나의 대답들과 생각들을 인내하면서 진지하게 들어 주었다. 그러나 스콧 한은 자신이 버리고 떠나려고 했던, 그리고 내가 그들을 붙잡아 두려고 노력하고 애썼던 개혁주의 신앙에 관한 매우 중요한 쟁점들을 올바로 이해한 적이 한 번도 없었다. 나는 그것을 (지금은 알게 되었지만) 당시에는 미처 알아차리지 못했다.

내가 왜 지금 이 말을 하겠는가? 그의 책은 1993년에 출판되었다. 이미 십여 년이 지난 지금, 그가 쓴 책을 보면 그가 개혁주의 신앙을 전혀 이해하지 못했다는 사실을 알 수 있다.

한편으로는 이 사실이 매우 다행스럽다. 역사적인 개신교 신앙인 개혁주의 신앙을 잘 이해했는데도 그것을 버렸다면, 그것은 실로 용서받지 못할 죄이다. 나는 이것이 히브리서 6장 1-6절이 묘사하는 죄에 해당한다고 믿는다. 그의 책을 읽기 전까지 나는 스콧과 게리가 참된 신앙에서 떠났으므로 '다시 새롭게 하여 회개하게 할 수 없는' 지경에 이르렀다고 느꼈다(히 6:6 참고). 만일 사람이 참된 회개를 통해 다시 새롭게 될 수 없다면, 결코 참된 구원을 받을 수 없을 것이다. 히브리서 6장에서 묘사하는 용서받지 못할 죄의 형태가 바로 그런 것이다. 당연히 나는 내 친구 스콧과 게리가 영원토록 잃어버린 바 되었다고 생각하면서 매우 슬퍼했다. 심지어 그들이 그 두렵고도 무시무시하며 돌이킬 수 없는 배교와 타락의 나락으로 떨어져 고통당해야만 한다고 생각하니 그들을 위해 기도조차 할 수 없었다.

그러나 이제 나는 소망을 느낀다. 내가 판단하기에, 그들은 절대로 참된 신앙을 올바로 이해하고서 그것을 버린 것이 아니다. 그들은 복음을 제대로 붙잡지 못한 채 어둠 속에서 비틀거리고 있었다. 그래서 그들이 오늘날 너무나 즐거워하는 거짓된 오류에 빠져 버린 것이다. 물론 나는 여전히 그들의 배교 때문에 슬프다. 그러나 이제 나에게는 주 안에서 사랑하는 친구인 스콧과 게리, 그리고 그들보다 더 허물없이 지냈던 그들의 아내들을 향해 새로운 소망이 생겼다. 어쩌면 그들 네 사람은 나의 글을 읽고서 비웃을지도 모른다. 그러나 그들을 향한 나의 사랑과 소망까지 비웃을 수는 없을 것이다.

  스콧의 책을 받기 며칠 전에, 나는 '워드 에프엠(WORD-FM)'이라는 라디오 방송을 통해 스콧 한의 말을 들었다. 그때까지도 나에게는 스콧에 대한 소망이 없었다. 나는 스콧의 말솜씨와 유려하고도 매력적인 논증, 그리고 성경과 다른 종교 문학에 대한 학식에 큰 감명을 받았다. 그러나 매우 능력이 많은 스콧 한은 거짓 복음을 대단히 매력적으로 제시하였다. 이 방송이 끼친 해악에 대해 매우 유감스럽게 생각한다. 스콧은 여전히 성경이나 칭의 교리에 관한 개혁주의의 개념을 올바로 다루지 못하고 있었다. 그런데 이러한 중대한 주제들에 대해 유창하지만 피상적인 그의 논증을 들으면서도, 나는 스콧이 그것들을 정확히 이해하지 못한다는 사실을 알아차리지 못했다. 그러한 종류의 즉흥적인 연설을 통해 매우 복잡한 문제에 대한 자신의 생각을 분명히 드러내는 것은 쉬운 일이 아니다.

  나는 지금 스콧을 깎아내리는 것이 절대 아니다. 스콧이나 나뿐만 아니라 어느 누구라도, 특별히 라디오라는 매체처럼 대단히 짧고 제한된 상황에서 심오한 주제를 전달하는 것은 한계를 가지고 있기 마련이다. 나는 스콧 한이 주어진 시간 안에 자신이 말하려는 주제를 매우 적절하게 잘 다루었다고 생각한다. 다만 스콧의 라디오 연설을 통해서는 그가 자신이 거부하는 그 신앙에 대해 제대로 이해하고 있는지를 판단하기가 어렵다는 말이다. 왜냐하면 자신의 생각을 충분히 전달할 만한 시간이 없기 때문이다.

그러나 책을 읽는 것은 즉흥적인 라디오 연설을 듣는 것과는 전혀 다르다. 책에는 저자의 생각이 충분히 표현되기 마련이다. 그는 나와 게리와 함께 개혁 신앙에 대해 대화하면서 자신의 생각을 표현할 기회가 충분히 있었지만, 나의 변론을 받아들이지 않았다. 당시만 해도 나는 그들이 문제의 핵심을 올바로 이해하지 못했다는 것을 깨닫지는 못했다. 그러나 그의 책을 읽으면서 비로소 나는 그가 지금도 그 메시지를 제대로 이해하지 못하고 있으며, 당시에도 이해하지 못했다는 사실을 깨달았다. 만일 스콧이 당시에 내가 말하는 바를 정확히 이해했더라면, 그런 책을 쓸 수도, 나와 나눈 대화를 그런 식으로 인용할 수도 없었을 것이다.

자, 그렇다면 좀 더 상세하게 살펴보자. 스콧은 그의 책 31쪽에서 수년 전에 내가 한 말을 인용하였다. 그때 나는 "만일 로마 가톨릭교회의 칭의 교리가 사실이며, 칭의가 믿음 더하기 행위의 문제라고 한다면, 나는 그다음 날부터 나의 남은 모든 날들을 바티칸 성당 앞에서 베옷을 입고 재를 뒤집어쓴 채, 그동안 내가 믿고 다른 많은 사람들에게 전파했던 그 심각한 오류에 대해 깊이 후회하고 회개하며 보낼 것이다"라고 말했다.

스콧 한은 자신의 책에서 만일 칭의가 믿음 더하기 행위의 문제라는 것을 내가 믿게 된다면 내가 신학적, 심리적으로 큰 충격에 빠질 것이라고 말했다. 여기서 나는, 그가 스스로 '오직 믿음으로 의롭다함을 받는다'는 개신교의 칭의 교리를 강력히 배격한다고 생각하지만, 사실은 여전히 그것을 전혀 이해하지 못하고 있음을 발견한다. 나는 지난 5, 60년 동안 '칭의는 믿음으로 말미암으며 거기에는 즉각적이고도 불가분리적으로 행위가 뒤따른다'고 가르쳐 왔다. 아마 이 책을 읽는 독자들 중에는 내가 칠판이나 게시판, 또는 내가 보낸 카드(그리고 많은 책들을 통해)에 다음과 같은 공식을 적었던 것을 기억하는 사람이 있을 것이다.

$$\text{믿음} \rightarrow \text{칭의} + \text{행함}$$

그리고 로마 가톨릭교회가 심각한 오류에 빠진 것을 지적하면서 다음과 같은 공식을 덧붙였다.

$$\text{믿음} + \text{행함} \rightarrow \text{칭의(의화)}$$

한편 로마 가톨릭교회는 개신교를 풍자하면서 이런 공식을 사용한다.

$$\text{믿음} \rightarrow \text{칭의} - \text{행함}$$

오직 믿음으로 의롭다함을 받지만 그 믿음이 홀로 있는 것은 아니라는 것이 바로 종교개혁의 가르침이다. 바로 이것이 마틴 루터의 가르침이고, 울리히 쯔빙글리(Ulrich Zwingli)와 존 칼빈, 웨스트민스터 신앙고백서와 모든 시대의 수많은 종교개혁적 신조의 가르침이다.

스콧은 행위가 칭의(의화)와 관련되어 있다는 로마 교회의 주장이 사실임을 알게 되면 내가 마음에 상처를 받을 것이라고 말했다. 그러나 스콧의 주장은 그가 여전히 나를 전혀 이해하지 못하며, 칭의 교리의 초보적인 수준조차도 이해하지 못한다는 사실을 보여 줄 뿐이다. 나는 '믿음이 칭의 더하기 행위를 낳는다'는 공식을 제시하면서, '믿음 더하기 행함이 칭의(의화)를 낳는다'는 로마 교회의 공식이 매우 잘못되었다고 지적하였다. 만일 칭의에서 믿음에 그 어떤 것이 더해진다거나, 무언가가 칭의에 공헌한다거나, 구원 얻는 믿음에 그 어떤 종류의 부가물이라도 더해진다면 칭의가 존재할 수 없다. 그런데 로마 교회가 바로 그런 것을 주장하고 있다. 즉, 그들은 의롭게 하심의 참된 근거로서 행함이 반드시 더해져야 한다고 가르친다. 스콧 한은 트렌트 공의회를 인용하고 있지만, 믿음이 의롭게 하심의 원인이며 그 믿음이 의롭다 하는 행위로 인도한다는 트렌트 공의회의 진술은 인용하지 않는다.

나는 수년 전에 펜실베이니아 비버 폴즈(Beaver Falls)에 있는 제네바 대학에서 로울러(Lawler) 신부와 논쟁한 적이 있다. 당시에 그는 펜실베이니아의 서쪽 교구 교육을 담당하고 있었다. 우리가 논쟁한 주제는 칭의 교리였다. 그는 개신교 신학자인 칼 바르트(Karl Barth)의 영향을 강하게 받았고, 무의식중에 바르트의 개념을 마치 로마 가톨릭교회의 교리인 양 제시하고 있었다. 로울러 신부가 그렇게 자신이 정말 변호해야 할 내용은 변호하지 않고 엉뚱한 주장을 펼치는 바람에 논쟁을 이어가기가 곤란했다. 결국 나는 서류 가방에서 슈뢰더의 「트렌트 공의회의 규범과 법규」를 꺼내 트렌트 공의회의 구원론, 즉 행위가 영생의 권리를 수여한다는 구절을 읽어 주었다. 그제서야 로울러 신부는 실제로 로마 가톨릭교회의 '의롭게 하심'의 교리를 인정했다. 아마 로울러 신부도 스콧 한이 지금까지 빠져 있는 동일한 오해 속에서 허우적대고 있었던 것 같다.

그때 외에는 로울러 신부와 논쟁할 기회가 한 번도 없었기 때문에, 그가 왜 로마 가톨릭교회의 입장을 순순히 인정하지 않았는지를 잘 알지 못한다. 다만 내가 아는 것은, 내가 트렌트 공의회의 구원론을 읽어 주기 전까지는 로울러 신부가 이신칭의 교리와 다른 모든 교리들에 관하여 '로마 가톨릭교회의 공식적인 입장이요 무오하며 다시는 개정할 수 없고 항상 동일한' 트렌트 공의회의 주장을 깨끗하게 인정하지 않았다는 것이다.

또한 나는 캘리포니아 파사데나(Pasadena)에 있는 베네딕트의 수도사와도 비슷한 주제로 토론한 적이 있다. 그는 자신이 속한 교회의 교리에 대적하는 개신교의 교리에 동의했다. 그래서 나는 그에게 자신이 진정으로 믿는 교리를 고백하는 교파로 개종하라고 권했다. 그러나 그는 자신이 속한 가톨릭교회가 입장을 '바꿀 것'이라고 말하면서 거절했다(물론 그도 그것이 불가능하다는 것을 잘 알고 있었다).

개신교는 칭의로부터 행위가 흘러나온다는 데 반대하지 않는다. 이 문제에 대해 우리의 입장은 로마 가톨릭교회보다 더욱 확고하다. 그러나 다른 방식으로 다른 교리를 만들어 내는 데는 절대 반대한다. "칭의는 오직 믿음으로 말미암지만 홀로 있는 믿음은 아니다." 나는 칭의 교리에 대해 강연하면서 언제나 율법 폐기론에 반대하는 로마 교회의 견해를 존중했다. 그러나 로마 교회의 신학자들은 대부분 종교개혁의 신학을 율법 폐기론과 동일하게 여기는 오류를 저지른다.

스콧 한은 라디오 방송에서 마틴 루터의 말을 인용했다. 루터가 '하루에 간음을 몇 번씩 저지른다 하더라도 오직 믿음으로 의롭다함을 받을 수 있다'고 말한 것이다. 물론 이것은 매우 어리석은 진술이다. 마틴 루터의 말을 문자적으로 받아들인다면, 분명히 반(反)기독적이며 반루터적이라는 정죄를 받기에 충분하다. 그러나 마틴 루터는 그 당시 루터의 개혁 운동을 괴롭히던 율법 폐기론에 반박하기 위해 두 편의 논문을 썼다. 스콧 한뿐만 아니라 종교개혁을 연구하는 학생들이라면 누구나 그 사실을 잘 알고 있을 것이다. 스콧 한이 인용한 루터의 말은 사실상 용서할 수 없는 말이지만, 행위나 도덕성이 오직 믿음으로 말미암는 칭의의 근거나 토대가 될 수는 없다고 주장하려 했던 루터의 의도를 결코 잊어서는 안 된다.

나는 펜실베이니아의 라트로베(Latrobe)에 있는 빈센트 대학에서 연구하는 동안, 최근에 로마 가톨릭교회의 한 저술가가 쓴 글을 읽었다. 그는 "루터는 습관적인 간음자, 살인자, 거짓말쟁이가 오직 믿음으로 의롭다함을 받을 수 있다고 말하려 하지 않았다. 만일 그랬다면, 루터는 칼슈타트(Karlstadt)나 아그리콜라(Agricola),[3] 그리고 당시 '관대한 믿

---

[3] 역자주 – 은혜와 칭의 교리에 대한 루터의 강조로 인해 루터는 율법 폐기론을 조장하는 율법 폐기론자라는 비난과 고소를 받았다. 이것은 특히 루터의 제자인 아그리콜라(Agricola)에 의해 더욱 불거졌다. 그러나 1530년대부터 루터는 그리스도인의 삶에서 율법이 담당하는 역할을 강조하기 시작했고, 율

음'을 지지했던 사람들을 그렇게 반대하지 않았을 것이다"라고 말했다.

스콧은 매우 폭넓게 책을 읽고, 고든콘웰 신학교에서 공부하여 학위를 받았으며, 종교와 신학에 관하여 뛰어난 학식을 지닌 사람이다. 그런데도 스콧이 위와 같은 사실을 알지 못했던 것 같다. 그는 자신의 견해를 매우 유창하고 거침없이 진술했다.

나는 스콧 한이 정직하지 못한 인물이 아니라고 확신한다. 논쟁에서 지지를 얻거나 어떤 입장을 수립하기 위해 그들이 알고 있는 것을 고의로 숨기거나 정확하지 않다는 것을 알면서도 사실인 양 주장하는 사람들이 있다. 그러나 내가 아는 한, 스콧은 절대 그럴 만한 사람이 아니다. 나는 스콧이 종교개혁의 입장을 고의로 거짓되게 전했다고 생각하지 않는다. 그래서 그 당시나 지금이나 스콧이 종교개혁의 입장을 올바로 이해하지 못하고 있다는 사실에 놀랄 뿐이다.

라디오에서 그가 하는 말을 듣는 동안 나는 매우 불편했다. 특히 그가 '언약'이라는 용어를 법정적(forensic) 용어가 아니라 가정적(family) 용어로 생각해야 한다고 말했기 때문이다. 언약을 법정적인 개념이 아니라 가정적인 개념으로 생각하려는 스콧의 말을 들으면서, 나는 그가 '법정적'이라는 용어의 의미를 잘못 이해하고 있다는 것을 다시 한번 느낄 수 있었다. 그리고 그의 책을 읽으면서 그것을 확인했다. 그는 '법정'이

법이 신자를 양육하고 훈육하기 위해 필요하다는 것을 설교했다. 아그리콜라와의 논쟁을 통해 루터는 오직 믿음으로 말미암은 칭의 교리뿐만 아니라 율법의 중요성에 대해서도 새롭게 볼 수 있게 되었다. 이런 점은 1519년에 나온 그의 첫 번째 주석인 갈라디아서 주석과 1538년에 개정된 주석을 비교해 보면 더욱 잘 알 수 있으며, 1539년에 율법 폐기론을 배격하는 목적으로 저술된 『율법 폐기론을 대적함』(Against Antinomianism)에도 잘 나타나 있다.

라는 용어를 '가정'이라는 개념과 적대적이거나 반대되는 것으로 생각하고 있었다. 스콧은 루터가 법정적이라는 용어를 '배타적으로' 생각했다고 제시한다(p.30). 반면 정통적인 종교개혁의 칭의 사상에는 재판장이 실제로 죄인의 죄를 용서하고 그를 의롭다 선언함으로써 그리스도의 구속받은 가족이 되게 한다는 법정적 의미가 담겨 있다.

바로 이것이 칭의 교리에 관한 개신교의 견해이다. 개신교는 사람이 중생하고 믿음을 소유하며 회개할 때, 그의 죄책을 용서받고 죄의 권세를 압도하게 된다고 말한다. 또한 개신교회(그리고 개혁주의 교회)는 비록 죄책이 영원히 사라지고 죄의 권세가 압도된다 하더라도 죄의 영향력이 여전히 남아 있어서 죽을 때까지 육체의 죄를 낳는다고 가르친다. 즉, 죄가 용서되고 그 권세가 파괴되지만, 죄의 영향력이 계속 남아 있기 때문에 신자가 그 죄와 싸워야 한다고 가르친다. 회심한 사람은 죄와 싸우며, 죄를 억제하고 없애며, 회개해야 한다. 이 일에 실패하면 하나님께 용서해 달라고 기도하고, 다음에는 결코 실패하지 않도록 힘을 달라고 간구해야 한다.

그렇다면 하나님은 의롭다하심을 받은 죄인에게 여전히 남아 있는 죄를 어떻게 하실까? 하나님은 그 죄를 매우 엄격하게 다루신다. 하나님은, 회심하여 죄와 싸우고 그것을 이기려 애쓰는 신자를 도우시지만, 또한 죄를 지을 때마다 그를 징계하신다. 그것은 아프지만 범죄한 자를 치유하는 징계이다. 하나님은 신자가 계속 저지르는 죄를 매우 일관성 있게 다루신다. 하나님은 자신의 백성이 저지르는 죄악을 결코 용납하실 수 없기 때문에 그것을 반드시 징계하신다. 따라서 신자들은 반드시 죄를 고백하고, 죄를 이길 수 있도록 힘을 달라고 기도해야 한다. 바로 그것이 그들이 해야 할 일이며, 하나님은 그렇게 기도하는 자들을 도우신다. 이 모든 일들이 합력하여 의롭다함을 받은 사람의 '구원'을 이루는 것이다(빌 2:12 참고).

여기에 모순이 없다는 것을 누구나 알 것이다. 그것은 그리스도인의 삶의 방식에 실제로 존재하는 원리이다. 이러한 개신교의 성화 교리는 매우 의미 있는 교리이다. 그 교리를 받아들이고 그렇게 거룩한 길을 걸어가는 사람들이 한결같이 이 교리를 증명할 것이다. 이와는 반대로, 로마 교회의 교리는 모순적이다. 만일 누군가가 자신에게서 그 교리가 입증되리라 생각한다면, 그것은 잘못된 생각이다. 그들은 존재하지 않는 어떤 것에 대해 말하는 셈이다.

성찬의 경험에 대해 말하는 경우에도 마찬가지이다. 로마 가톨릭은 성체(聖體)의 제병(祭餠)을 받을 때 특별한 경험을 하게 된다고 말한다. 그들은 제병에 대해 거짓된 견해를 가지고 있다. 그들은 제병이 더 이상 제병이 아니라 실제로, 그리고 본질적으로 그리스도의 몸으로 변한다고 생각한다. 그러나 그것은 잘못된 생각이다. 그들은 실상 제병이 그리스도의 몸이 아닌데도 그것을 그리스도의 몸이라고 생각하고서, 자신의 몸 안에 하나님의 몸이 실제로 들어왔다고 믿으며 즐거워한다. 고해성사도 그와 같은 맥락으로 생각할 수 있다. 그들은 고해성사를 가치 있게 여기고는 고해성사를 행하고 동일하게 만족스러워한다.

로마 가톨릭 신자에게 그런 예식을 행하고 나면 어떤 기분이 드는지를 물어보라. 그러면 틀림없이 그들이 각자 다른 경험을 한다는 것을 알게 될 것이다. 만일 여러분이 일반적인 로마 가톨릭 신자에게 이 일에 대해 질문한다면, 그는 고해성사가 매우 일관성 있다고 주장하면서, 절대 그것이 모순된 것이라고 말하지 않을 것이다. 그들은 고해성사를 온당하고 일관성 있는 체계로 생각한다. 그런 상황에 맞닥뜨린다면, 당신은 내가 지금까지 설명한 내용을 그에게 인내심 있게 말해 주어야 할 것이다.

요약해서 말하자면, 하나님은 죄인을 용서하시고 그에게 그리스도의 의를 주신다. 이 모든 일들은 중생하여 하나님의 가족으로, 그리고 그리스도의 몸의 한 지체로 다시 태어난 사람에게서 이루어진다. 칭의는 그에게 실제로 하나님의 가족이 되는 자격을 부여한다. 분명히 말하지만, 칭의는 양자됨과 성화와 실제로 예수 그리스도의 교회의 회원이 되는 등의 모든 필연적인 결과를 부인하지 않는다. 의롭다함을 받은 사람은 예수 그리스도의 몸의 지체가 됨으로써 하나님의 참된 가족이 된다. 우리는 스콧이 언약을 가족의 개념으로 파악한 데는 전혀 반대하지 않는다. 다만 가족의 개념을 마치 법정적 개념에 반대되는 양 제시하는 스콧의 견해가 문제이다. 언약은 법정적 개념이며, 이신칭의는 하나님의 법정적 행위를 통해 죄가 제거되고 의가 수여되며, 그 결과 나타나는 모든 것들과 불가분리의 관계에 있다.

일부 개신교도들이 칭의를 마치 믿음이라는 공로 때문에 오는 것인 양 오해하도록 말하지만, 사실 그것은 개신교의 칭의 교리를 잘못 표현한 것일 뿐이다. 그러나 스콧 한은 그런 사실을 언급하지 않는다. 다시 말하지만, 나는 지난 50년간 '칭의가 신자의 믿음이라는 공로에 기초한다는 것이 성경과 개혁주의 신학이 가르치는 본질인 양' 주장하는 것이 매우 잘못된 것이라고 말해 왔다. 개신교는, 개신교인의 믿음의 한 행위가 로마 가톨릭교회의 모든 행위를 합쳐도 할 수 없는 일을 할 수 있다고 말하지 않는다. 만일 믿음을 행위로 간주한다면, 로마 교회와 동일한 것을 가르치는 꼴이 되고 말 것이다. 그것은 그저 형태만 축소되었을 뿐 로마 가톨릭교회의 교리보다 훨씬 더 끔찍한 결과를 낳고 말 것이다. 결국 우리의 작은 행위 하나가 너무나 큰 공로가 되어 죄로부터 우리를 구속할 뿐만 아니라 영원토록 천국에서 살게 하는 원인이 된다는 것이다.

그러나 오직 믿음으로 말미암는 칭의 교리를 성경이 말하는 대로 설명한다면, 믿음은 공로가 될 수 없다. 믿음은 예수님께로 나아와 예수님 안에서 안식하고 예수님과 연합하게 할 뿐이다. 우리가 예수님과 하나가 되었기 때문에 예수님께서 우리를 위해 행하신 모든 일들이 경험적으로 우리의 것이 된다. 우리는 빈손 들고 나아가 그저 십자가를 붙든다. 물론 십자가를 붙드는 것 자체가 우리를 구원하지는 않는다. 예수님께로 나아가는 것 자체가 우리를 구원하지도 않는다. 또한 그분을 믿는 것 자체가 우리를 구원하지도 않는다. 오직 그리스도 예수님만이 우리를 구원하신다.

개혁주의 신앙(역사적 개신교 신앙)에 따르면, 그리스도께서 우리 안에 믿음의 영을 심으신다. 그래서 그것마저도 절대 공로가 될 수 없다. 스콧은 내가 고든콘웰 신학교나 다른 곳에서 한 말을 아주 잘 들었을 것이다. 아마도 피츠버그 신학교에서 내가 강의했던 과목을 수강했을 지도 모른다. 나는 믿음이 절대 공로가 될 수 없으며, 그것마저도 하나님의 선물이라는 사실을 매우 강조했다. 나는 학생들에게 그것을 가르치기 위해 에베소서 2장 8절을 해설해 주었다. 어쩌면 스콧이 그 강의 시간에 없었을지도 모른다. 그러나 로저 니콜(Roger Nicole)과 고든콘웰 신학교의 다른 개혁주의 신학자들 역시 오직 믿음으로 말미암는 종교개혁적 교리의 참된 후예들로서 똑같은 것을 가르친다. 그러므로 스콧도 분명히 그 가르침을 들었을 것이다.

그래서 내가 놀랄 수밖에 없다. 스콧이 나뿐만 아니라 이신칭의 교리를 이해하고 분명하고도 정확하게 설명하는 많은 신학자들에게서 배운 가르침을 잊었을 리가 없다. 그는 분명히 종교개혁의 진리를 진술하는 책들을 수없이 많이 읽었을 것이다. 스콧은 마틴 루터의 책과 존 칼빈의 책을 읽었으며, 많은 칼빈주의자들의 글을 읽었을 것이다. 그런데도 그는 『웨스트민스터 신앙고백서』를 거부했다. 스콧은 종교개혁의 진리들을 올바로 이해하지 못하면서도 자신이 올바로 이해한다고 생각하고는 그것을 거부했을 것이다. 사실 『웨스트민스터 신앙고백서』는 믿음으로 말미암는 개신교의 칭의 교리를 분명하게 가르치고 있다. 이 신앙고백서는 종교개혁이 일어나고 나서 한 세기 후에 작성되었다. 그런데도 16세기의 개신교 신앙고백인 『벨직 신앙고백서』나 『하이델베르크 신앙고백서』와 동일한 교리를 가르친다. 스콧 한은 이 모든 신앙고백들을 다 읽고, 그것들을 연구하고 공부했다. 그는 훌륭한 지성을 가진 사람이다. 그런데도 그가 종교개혁의 가르침을 완전히 잘못 이해한 것이다.

나는 그의 책에서 스콧 한의 아내인 킴벌리 한이 쓴 부분을 읽으면서, 그녀가 자라면서 배웠던 신앙을 놓지 않으려고 매우 애썼다는 것을 감지할 수 있었다. 그녀가 개신교 신앙을 떠난 이유는 남편과는 근본적으로 전혀 달랐다. 그녀는 남편이 그동안 함께 고백해 온 신앙을 버린 후에도 수년 동안 고민했다. 그 후에 결국 남편을 따라갔지만, 그것은 분명히 어떤 확신에 따른 것이 아니라 신비적인 경험에 의한 것이었다. 그 일은 그녀의 아버지인 제리 커크 박사와도 관련이 있다.

제리 커크는 성경적인 개혁주의 칭의 교리를 확실히 고백하고 그것을 가르치는 사람이었다. 커크와 그의 아내는 킴벌리에게 이 칭의 교리를 가르쳤고, 킴벌리는 그것을 이해했으며 확고히 믿었다. 그러나 킴벌리의 남편이 로마 가톨릭교회의 신앙을 받아들이는 긴장된 상황 속에서 킴벌리도 결국 개신교 신앙을 떠나고 말았다. 그녀는 주님이 자신에게 그렇게 하라고 말씀하시는 것을 느꼈다고 말한다(p.157). 이것은 근본적으로 그녀의 아버지인 커크가 킴벌리에게 그렇게 조언했기 때문이었다(p.116). 스콧 한과 킴벌리가 로마 가톨릭교회로 개종한 사실이 실망스러운 만큼, 킴벌리에게 '주님이 그렇게 하기를 원하시는 것 같다면 그렇게 행하라'고 조언한 커크에게도 실망할 수밖에 없다. 커크는, 성경이 이러한 무시무시한 이단(예수 그리스도는 오직 성경을 통해서만 말씀하신다)에 대해 경고하고 있으며, 만일 킴벌리가 그 길을 따른다면 배교와 불신앙에 빠지고 말 것이라고 단호하게 말하지 않은 듯하다.

나는 제리 커크를 잘 안다. 그는 그렇게 말하기를 두려워했을 것이다. 그는 나의 제자였을 때에도 그러한 신비주의나 '감정주의' 문제와 힘든 싸움을 벌였다. 그는 영적인 것을 강하게 지향했다. 지극히 훌륭하고 멋진 지성인이라 할지라도, 자신의 감정을 성경의 가르침보다 앞세우는 경향이 있을 수 있다. 이것을 부인할 수는 없다. 제리 커크가 이런 나의 평가를 듣는다면, 아마도 이렇게 말할 것이다. "아닙니다! 거스너 박사님, 절대 아닙니다. 성경만이 최고의 권위를 가지고 있습니다." 그러나 분명하게도 제리 커크는 성경의 교훈으로 킴벌리를 훈계하지 않았고, 단순히 그리스도께서 그녀를 이끄신다고 느끼는 방향으로 결정하라고 말했다. 그러나 나뿐만 아니라 커크도 그리스도께서 성경 밖에서 자신을 계시하시지 않는다는 것을 잘 알고 있다. 그리스도는 오직 자신의 말씀을 통해, 그리고 오직 자신의 말씀으로만 우리에게 계시하신다.

커크가 자신의 딸에게 "예수 그리스도는 절대로 개혁주의 신앙을 부인하고 떠나 거짓 종교를 따르도록 인도하시는 분이 아니다"라고 말했더라면 얼마나 좋았을까! 커크가 믿는 대로, 사람이 반드시 오직 믿음으로 말미암는 칭의에 의해 구원을 받는다면(로마 가톨릭은 정확히 그와 반대로 가르친다), 이것은 구원이 걸린 문제이다. 내가 생각하기에 킴벌리와 그녀의 남편은 굉장히 심각한 실수를 저질렀다(커크도 틀림없이 그렇게 생각할 것이다). 어쩌면 커크는 자신이 소망하였듯이, 적어도 그의 딸이 그리스도께서 자신을 인도한다고 느끼는 대로 순종했다는 사실로 어떤 위로를 받을지도 모른다. 그러나 내 생각은 전혀 다르다. 그들은 매우 비극적이고도 잘못된 발걸음을 내딛었다. 그렇다고 그것을 뒤집을 수 없는 것은 아니다. 왜냐하면 그들이 처음부터 복음의 가르침을 제대로 이해하지 못하고 내린 결정이기 때문이다(킴벌리에 대해서는 이렇게 말할 수 없지만, 적어도 스콧에 대해서는 이렇게 말할 수 있다).

따라서 스콧은 개신교와 개혁주의 장로교회를 떠난 것이 아니다. 사실상 그는 그저 자신이 태어난 곳, 곧 잃어버린 바 된 이 세상을 떠나 잘못된 로마 교회로 가 버렸을 뿐이다. 뜨거운 프라이팬에서 튀어 나와 불 속으로 뛰어든 셈이다. 이제 오직 하나님만이 불 속에서 그을린 스콧을 구원하실 수 있다. 로마 교회는 그리스도인이 돌아갈 고향이 결코 아니다.

옮긴이 **신호섭** 목사는 경희사이버대학교 국제학부(B.A.)를 거쳐 고려신학교 신학원(M.Div.)을 졸업했으며, 영국에서 London Theological Seminary를 졸업하고 미국 Westminster 신학대학원에서 싱클레어 퍼거슨 교수의 지도 아래 'The Imputation of Christ's Active Obedience in Puritan Theology'라는 제하의 논문으로 역사신학(Th.M.)을 졸업했으며, 미국 Reformed 신학대학원에서 철학박사(Ph.D) 과정을 졸업하였습니다. 현재 고려신학교 조직신학 교수로 재직 중입니다. 대표 역서로는 『칭의 교리의 진수』, 『성령의 사역, 회심과 부흥』, 『로이드 존스 앤솔러지』, 『칼빈주의』, 『오직 그리스도 안에서』 등이 있습니다.

21세기 리폼드 시리즈 4

오직 믿음으로

지은이 | 존 맥아더 외
옮긴이 | 신호섭
엮은이 | 돈 키슬러
펴낸곳 | 지평서원
펴낸이 | 박명규
편　집 | 정　은, 강해솔, 김희정, 신재원
마케팅 | 전두표
펴낸날 | 2014년 7월 7일 초판

서울 강남구 역삼동 684-26 지평빌딩 135-916
☎ 538-9640,1　Fax. 538-9642
등　록 | 1978. 3. 22. 제 1-129

값 9,000원

ISBN　978-89-6497-046-1-94230
ISBN　978-89-6497-013-3(세트)

메일주소　jipyung@jpbook.kr
홈페이지　www.jpbook.kr
페이스북　www.facebook.com/jipyung
트 위 터　@_jipyung